島根太郎

子どもの人生が変わる放課後時間の使い方

講談社+α《プラスアルファ》新書

プロローグ

小1の息子の「脱走」

私は子育てを始めてから、日中の保育園や小学校、学童保育からの電話に何度もドキッとしてきました。きっとこの本を手に取ってくださっている方の多くも、経験されていると思います。

なかでも印象的な1本の電話があります。私の人生を大きく変えた連絡です。着信があったのは、2005年の秋のある日の午後でした。

「島根さん、レオくんがいなくなりました!」

電話口からも学童の職員さんの慌てた様子が伝わってきます。すぐに妻からも連絡がありました。

「レオが脱走したって、どうしよう?」

当時も今も私たちは共働き。学童から消えたという長男のレオは、小学校1年生でした。

真っ青になり、慌てて家に戻った私たち夫婦は近所を大捜索。世田谷公園、学校から家までの間にある商店街、レオが道草しそうな場所を回っていきます。

15分後、商店街のクリーニング店の奥、店主さんたちが休憩するお茶の間でテレビを見ながらくつろいでいる長男を発見しました。人見知りしないタイプの彼は、街の人たちとも仲良し。お父さんもお母さんもなんでそんなに慌てているの？　って顔をしていました。

ホッとして、クリーニング店の奥さんにお礼を言っての帰り道。

「おまえさ、大騒ぎになっていたんだけど（笑）。なんで勝手に出て行っちゃったの？」

「友達も来ていないし、学童保育はつまんないんだよね」

保育園には楽しそうに通っていたのに、学童保育はつまらない……。大人びた言い方をする小1男子の言葉が耳に残り、翌日、私はご迷惑をかけたお詫びをしようと学童に行ってみました。先生方は紳士的で、非常に親切で好印象。でも、子どもたちの過ごし方をしばらく見ていて、「なるほど。これはつまらないという気持ち、よくわかるな」と思ったのを覚えています。

そのとき、長男が通っていた学童は基本的に、子どもたちを預かる場所でしかありませんでした。これといった行事は特になく、放課後に集まってきた子どもたちは施設の中で親が迎えに来るまで時間を潰している……。

長男の言葉を借りると、「本は好きだけど、読みたい本はもう読み終わったし、新しい本は入らない」「本当は学童に行っていない友達と遊びたいけど、遊べない」「近くの公園に行きたいだけなのに、外に出ると怒られる」……「だから、とにかくヒマでつまんないから行きたくない」となるわけです。

小学生になると、未就学児の頃と違い、子どもたちの意思はより強くなります。自分で行動ができてしまいます。行きたくないものを無理やり行かせても、また脱走するかもしれない。私たち夫婦はよくよく話し合って、長男は鍵っ子になりました。

習い事は週に1〜2回。後は自由に過ごしていいよ、と。鍵とGPS付きの携帯電話を持たせ、最初のうちは習い事に通う長男の後ろをテレビの「はじめてのおつかい」のように、そーっとついていき、本当に一人で行って帰ってこられるかを確認。交通事故の危険や不審者のことなど、気をつけるポイントを教え、心配ながらも自立を促したのです。

この選択ができたのは、ご近所の皆さんや同級生の保護者の方々の見守りもあったから。とはいえ、「学童に行きたくない」と言い出した長男の言葉を受け、共働きだった私たち夫婦が途方に暮れてしまう瞬間があったのも事実です。

まさに「小1の壁」でした。

「小1の壁」

当時、私は新規事業のインキュベーションを専門に行う『エムアウト』という企業で働いていました。インキュベーションとは、卵をかえす孵化《ふか》という意味。『エムアウト』は事業の創出や創業を支援するサービス・活動を行い、起業家を目指す社員が集まっていました。その一人ひとりがアイデアを出し、社会に役立つ事業を作っていく。ひと言で言うなら、事業の卵を生み出す企業でした。そこで、私が提案をして始めたのが現在のキッズベースキャンプです。

長男の脱走はいいヒントになり、きっかけになりました。この出来事から私は、「親の考える子育てという視点だけでなく、子どもの視点も大切に考えた放課後の居場所」を作っていきたい、そんな居場所で子どもたちの成長に寄与する事業をやっていきたいと思うようになったからです。

そこで創業のアイデアを固めていこうと、『エムアウト』で働く子育て中のパパママ、その知り合いといった形で紹介の輪を広げ、「小1の壁」の実態についてインタビューを重ねました。わが家のように子どもが学童に行きたがらないという悩みもありましたが、より切実な声が集まったのは公設学童保育の保育時間の問題です。

「保育園には入園できたから仕事を続けられたけど、小学校に上がるときにせっかく続けてきた仕事を諦めなければならない」

なぜかと言うと、多くの保育園の保育時間は19時まで延長することができますが、当時の公設学童保育では17時、延長できても18時という施設がほとんど。1時間の違いではありますが、この1時間に間に合うか、間に合わないかが、働く保護者が仕事を続けていけるかどうかに立ちはだかる壁になっていたのです。

行政は動いてくれない。現在のように学校へ迎えに行ってくれて、夜まで預かってくれる民間学童は存在しません。当時は、多くのお母さんたちから「私が仕事を辞めるか」「キャリアと子育てを両立するには起業するしかないか」と悩む声が集まり、現在のキッズベースキャンプの事業アイデアを話すと、「ぜひ実現してください」と強く背中を押してくれる応援の声も集まりました。

保護者が子育てを楽しいと思える社会を実現したい

私が、「小1の壁」をはじめとする社会問題を解決できるような事業を実現できないだろうかと考えていたとき、同時に強く願っていたのは子育てに対する世の中の空気を変えていくことでした。

基本的に少子化は先進国ならば必ず直面していく問題です。出生率も先進国になればなるほど下がっていきます。

では、そんな少子化社会を変えていくにはどうすればいいのか？

待機児童を減らすこと、学童保育の選択の幅を広げること、子ども手当を支給すること、医療費や学費を無償にすることなど、政府や行政ができることはもちろんあります。

でもそれ以上に重要で、私たち一人ひとりがすぐに取り組めるのが、子どもを産み育てることを楽しいと思える空気をつくっていくことではないでしょうか。創業前の頃から約20年、今は保育園、小学校の説明会や日常の送り迎えにお父さんがやってくるのは当たり前になりました。でも、２０００年代半ばの日本の育児はお母さん中心。それも働くお母さんには厳しい空気がありました。

例えば、私の妻が長男を公立の認可保育園に迎えに行ったときのこと。18時ぎりぎりになったら、荷物が全部玄関先に出されていて「なんで遅れているんですか？　お母さん」とたしなめられることがたびたびありました。たしかに1～2分だとしても遅刻は遅刻でしょう。でも1～2分です。今日もぎりぎりになっちゃった……とオフィスを出ようとしたとき、上司や同僚から声をかけられ、数分立ち話をした結果の遅れなんて、働いていれば男女関係なく起きること。大人が大人から叱られるような失態ではありません。

もちろん、そういう対応の保育園ばかりではなかったと思います。それでも多くの保育園や学童保育の施設が、預かり、見守り、育《はぐく》むことを主にしていて、サービス業の視点はほとんど感じられませんでした。また、待機児童も多くいる中で、保護者の中には「キャリアのために本来は親がやるべきことをやってもらっている」という、負い目を感じてしまう人も少なくなかったように思います。

そんな保育園に入れただけでラッキー、感謝しなければいけないといった空気の中で、働く多くの親が葛藤していました。子どもに負担をかけて仕事を続けていくこと、キャリアを重ねることについて悩む人も少なくなかったのです。

でも、これはおかしな話です。仕事をし、子どもを育てる。何も間違っていません。そんな気持ちにさせる社会がズレている。だから、私たちキッズベースキャンプは「民間事業者として、子育てが楽しい、子どもを産み育てたいと思える社会の実現によって、少子化社会を変えていく一助になりたい」と事業に臨んでいます。

日本は先進国の中で教育や子育て支援の支出が少ない国です。国からの支援の大小は出生率と相関する中、少子化問題解決に取り組むことは未来への投資だといえます。なぜなら、より多くの子どもたちが将来、労働者・消費者・納税者として未来の日本の社会を支えてくれることにつながるからです。

だからこそ、子育てにまつわる空気を変えていく一助になりたい。保護者が子育てを楽しいと思える社会を実現したい。その思いが起業の根幹にあります。

子どもが本当に楽しみ、成長にもつながる場を作りたい

民間学童保育が直接的に価値を提供する相手は子どもたちですが、利用するかどうかの意思決定をするのは保護者です。私は、公設学童の数倍の費用がかかる新しい民間学童に保護者がお金を払う理由は大きく分けて二つあると考えていました。

一つ目は基本的な保育機能の充実です。保護者自身のキャリアを継続させ、生活を豊かなものにしていくため、子どもたちを安全安心な環境で預かってもらいたいという要望に応えていく。例えば、キッズベースキャンプの営業時間は最大で22時までとなっています。これなら繁忙期の残業にも対応できます。

また「37・5℃の壁」ともいわれる発熱時の「すぐにお迎えを」という連絡。誰よりも心配なのに、職場からすぐに駆けつけるのは難しい。そこで、職員が見守り、ときには病院に付き添う。「しっかり看ていますので、無理のないタイミングで来てください」と対応する。そんな柔軟な対応があれば、保護者の我が子を安全安心な環境で預かってもらいたい、という保育機能への期待を満たすことができます。

でも、それだけでは足りない。忘れてはいけないのが、子どもの視点です。それは子どもからのニーズと言い換えてもいいでしょう。私には脱走した長男の小1なりのまっすぐな言葉が強く残っていました。

「学童はつまらない」

学童が子どもにとって「おかえり」と迎えてはくれるけど、特におもしろみはない場となっているならもったいない。たくさんの時間を過ごす学童を、毎日行くのが楽しみな場所にすること。子どもたちが充実して過ごし、自分の可能性を発見できる子どものサードプレイス（第三の居場所）を創ろうと考えたのです。

その上で、保護者が新しい民間学童保育にお金を払う二つ目の理由となると考えたのが、子どもの未来につながる人間力の教育でした。

計算してみると、小学生の子どもたちが学校の後に過ごす放課後の時間は想像以上の長さでした。土曜日や夏冬の長期休みを加えると、小学校で過ごす時間が年間1200時間なのに対して、放課後は1600時間。この時間を豊かな資産として意識して活用するか、ただ預かる場所として考えるかで、子どもの成長が大きく変わってくるのではないか。

当時、学童保育の現場に「放課後時間がとても貴重で潤沢な教育的価値のある時間だ」と気づいている人はほとんどいませんでした。それは保護者の方々の意識も同じです。学童は子どもを預かってもらう場所。でも、放課後に行う体験活動、友達との遊びを通じて、子どもたちは将来につながる体験を積むことができるのではないか。私たちはそう考えました。なにより、たくさんの時間を過ごす学童を、子どもたちが「楽しいから、行きたい！」という場所にしたい。楽しみながら成長につながる場を作りたい。

放課後時間にどんな体験をするか、どんな友達や大人と関わっていくか。学童保育という環境をうまく設計することで、保護者の保育機能への期待、子どもたちの放課後を楽しく過ごしたいという願いのどちらも満たしながら、子どもが社会に出るときに本当に必要な力を育む、新しい教育を生み出せると確信を持ち、事業開発を進めていったのです。

民間学童「キッズベースキャンプ」をスタート

わが子に「勉強しなさい」と一度も言ったことがない保護者はほとんどいないと思います。私も言っていました。でも、勉強だけでは養うことができない大切なものがある、とも気づいていました。

でも、それがどうしたら育つのかわからず、まずは良いと言われている学校に行かせよう、環境が良ければうまく言葉にできない大切なものも身につけてくれるのではないか……。

この「うまく言葉にできない大切なもの」が、人間力であり、非認知能力であり、小学生の放課後の時間にはそれを育む大きな可能性があるのです。

そこで、キッズベースキャンプでは創業の頃から「勉強だけでは身につかない　社会につながる人間力を子どもたちに…」というキャッチコピーを掲げてきました。

これは私も社会人になってから何度か転職し、つくづく感じてきたことですが、偏差値的に優秀な人と、実際に一緒に仕事をしたい人、会いたい、話したいと思う人は必ずしもイコールではありません。日頃の仕事上でのやりとり、プライベートでの人間関係でも、豊かな人間性を持った人に魅力を感じるのは、あなたも実感していることではないでしょうか？

こうした人間性は学校や塾での勉強だけで身につくものではありません。

私は『エムアウト』在籍時にさまざまな新規事業の立ち上げに関わってきたのですが、その中でも最も多くの知見を得たのがメンタルヘルスの事業でした。準備段階から日本と米国の研究者や医師、カウンセラーなどの専門家と交流し、協業する中で、臨床心理学だけでなく発達心理学、教育心理学、コーチング、脳科学などの幅広い専門知識を学びました。

それらはキッズベースキャンプにおける非認知能力の教育の基礎となっています。

放課後の貴重な時間を子どもたちの将来につながる価値あるものにしたい。私たちは、たくさんの体験活動や大人、友達との関わりを通して、子どもたちが自分の人生を切り開くための「社会につながる人間力＝非認知能力」を育てていきたいと考えています。

「社会につながる人間力＝非認知能力」については第2章以降で詳しく取り上げていきますが、これは一人ひとりが自分の生きたい人生を切り開くための土台となる力です。

・放課後という膨大な時間を、人間力を育む成長の場、将来のための資産とすること
・子どもたちが楽しく通える場であること
・保護者と子どもたちに安全安心な環境を提供すること

この三つの提供価値を掲げてスタートしたキッズベースキャンプは、2006年に民間学童保育のパイオニアとして東京都世田谷区の桜新町《さくらしんまち》に最初の施設をオープンしました。以来19年、現在（2025年4月時点）は東急線沿線に22店舗の民間学童保育を展開し、港区、新宿区などから児童館・学童保育・中高生向けの54施設を受託運営、これまでに培ったノウハウを活かし保育園を5園、計81施設を運営しています。

その間の試行錯誤と私たちの歩みについては第1章以降で詳しく綴っていきます。私たちは学童保育を学校でも家庭でもない第三の場、子どもたちのサードプレイスと位置づけ、昔

の近所の空き地や公園のように、子どもが集《つど》い、くつろげる、毎日来たくなる場所でありたいと考えています。

そのためには保育者側もきちんとしたプロとして成長していくことが不可欠です。しかし、創業時の学童保育業界は職員の多くが非正規職員。結婚したら辞める、子どもが好きだからアルバイトやパートをしながら掛け持ちしている、といった現実がありました。

そこで、私たちは主要なスタッフ全員を正規職員で雇用し、研修制度もイチから作り上げ、職員をキッズコーチと名付けました。そして、キッズコーチを２００５年当時、新しい人気の職業として最も注目されていたウェディングプランナーをしのぐ憧れの職業にしようという目標を掲げたのです。今では前職がウェディングプランナーという社員が何人もいます。また、キッズベースキャンプに通っていた子どもたちが大学生になって、非常勤キッズコーチとして戻ってくれるケースも珍しくなくなりました。

それぞれの未来の夢にチャレンジする子どもたちと、伴走するキッズコーチたち。キッズベースキャンプが一人ひとりにとって、必要な知恵やチカラを供給する、登山家にとってのベースキャンプのような存在でありたいと私たちは考えています。

実践から見えてきたことを本書で伝えたい

学校教育や学習塾の授業で行われているのは、テストの点数や成績に数字で反映される認知能力を高める教育がメインです。それに対して私たちは非認知能力を高める教育も、子どもたちが大人になり社会に出るときには必要だと考えています。

非認知能力を高める教育では、正解が一つではありません。これからの時代はますますＡＩが発達し、ＡＩとともに生きていく時代になるでしょう。そうなると、知識をインプットして、テストの時間に短時間でアウトプットする能力、いわゆる情報処理能力が高い人間＝認知能力の高い人間の重要性は、今より減っていくでしょう。こうした能力は、ＡＩが代替できるからです。

しかし、人間性だけはＡＩに置き換えることはできません。

数値で測れる学力などの認知能力とは異なる非認知能力。人間性や人の内面的なもの、また他者との関わりといった社会的スキル、物事をやり抜く力などの発達は、他の非認知能力の向上や認知能力の向上にもつながるなどの相乗効果をもたらします。

私たちは放課後の遊びや生活、さまざまな子どもたちや異年齢の人たちとのコミュニケーションの中で人間性は培われていくと考えて、学童でのプログラムを設計してきました。でも、子どもたちはその狙いを意識しているわけではありません。学童で放課後を楽しく過ごしているうちに、いつの間にか人間力が育まれていく。キッズベースキャンプでは、この流れを事業として追求し、さまざまなノウハウを実践、蓄積してきました。

例えば、私たちは日常のちょっとした遊びや生活が、子どもの発見や学びの機会につながることを大切にしています。また、友達との関わりを通してコミュニケーション力や相手を思いやる気持ち、社会性など人間性の基礎を作り、自分も周りも幸せにできる大人になれるようキッズコーチがサポートしています。

子どもたちには常に自由な選択肢があり、自分でやりたいことを考え、自己決定することで主体性が育まれていきます。

これらの取り組みは保護者の方々が明日からすぐに子育てに応用できるものです。

本書では、私たちが学童の現場でトライ&エラー、エラー&ラーンしながら培ってきた人間力を育む取り組みを保護者の方々、教育関係の仕事に携わっている方々、これから教育業界を目指す方々にお伝えしていきます。

子どもの人生が変わる放課後時間の使い方／目次

第4章　人間力の育ち方／育み方

第5章 人間力を育てるための実践例

第7章　家庭でできる人間力の育み方

第１章　放課後に「自由な時間」がない子どもたち

失われている、かつての放課後

あなたは小学生の頃、どんな放課後を過ごしていましたか？

生まれ育った年代、地域によって違いはあると思います。それでも今の小学生の子どもたちと比べると、のんびりした時間を過ごしていたのではないでしょうか。

キッズベースキャンプ（以下原則としてＫＢＣ）に通っている子どもたちと接していると、週５ペースで習い事をしている子、中学受験のために３〜４年生から学習塾での勉強を始めている子など、放課後時間を分単位のスケジュールで過ごしているお子さんが少なくありません。

ひるがえって私の子ども時代はどうだったかというと、習い事や塾に通っている子はごくわずか。放課後は近所のあちこちの公園や遊び場をぐるぐると回りながら、友達と過ごす毎日でした。

１９６５（昭和40）年生まれの私の小学生時代は昭和40〜50年代。育ったのは東京の目黒区で、都会っ子です。２０２３年の出生数は約73万人でしたが、１９６５年は2倍以上の約１８２万人。放課後の街には、公園や道路、空き地で、たくさんの子どもたちが日暮れまで遊んでいるざわめきと賑わいがありました。

当時と今を比べて、子どもたちの放課後から何が失われたのか。教育の世界では語呂合わせ的に「三間（サンマ）」がなくなったと言われています。

「時間と空間と仲間」です。

「時間」＝子どもたちは塾や習い事などで忙しく、自分でどう過ごすかを決められる時間が少なくなっています。

「空間」＝公園には「ボール遊び禁止」「大声禁止」の看板があり、危ないから道路では遊ばない、不審者が心配だから一人では出歩かない……と、子どもたちが遊べる場所は限られています。

「仲間」＝子どもたち一人ひとりがそれぞれに忙しく、集まれる場所も少ないため、放課後にパッと集まって一緒に遊べる友達がなかなか見つかりません。

私が子どもの頃、世の中の雰囲気はゆるやかで、子どもたちの生活もいい意味でのんびりしていたと思います。毎日のように塾や習い事に通っている小学生は少なく、放課後にはたっぷり自分たちの時間がありました。

私が育った目黒は、都会で広い遊び場はありませんでしたが、それでも近所の神社の境内や児童公園、代官山と中目黒の間に残っていた防空壕《ごう》、建物が解体されたまま放置されている空き地、本当は団地の住民しか使えないはずの小さな公園など、いくつもの場所が遊び場や秘密基地になり、子どもたちはぐるぐると回遊しながら遊んでいました。

児童公園でちょっとしたケンカになって気まずくなっても、防空壕をのぞきに行ったら別の友達が漫画を読んでいる。しばらく一緒に漫画を読んで、体を動かしたくなったら空き地に行って缶蹴りをする。たまに小遣いがあるときは駄菓子屋で買い食いをする。そんなふうに遊びのはしごができる空間があったのです。

なにより、子どもの数が多く、クラスの同級生だけでなく上級生、下級生が交じり合って「入れて」と遊びの輪が広がっていく毎日でした。わざわざ仲間を探しに行かなくても、そのときそのときでグループができて、遊びの内容も変化していき、自然と対人コミュニケーションが磨かれていきました。

ところが、最近はなかなか公園で遊ぶ子どもの姿を見ることができません。子どもたちはボール遊びが大好きなのに、ボールの使用は禁止。シニア向けの健康遊具が増える一方で、「公園の利用者や近隣住民が迷惑するので騒ぐのはやめましょう」という注意書きも増えています。

昔は良かった……と懐古するわけではありませんが、確実にかつての放課後は失われてしまったのです。

昔の放課後にあった大人とのつながり

例えば、小さな公園で野球やキャッチボールをしていて、ご近所の家の庭にボールが入ってしまう。窓ガラスにボールが当たって割ってしまう。今ではアニメの『ドラえもん』や『サザエさん』くらいでしか見ない場面ですが、かつての放課後時間には子どもたちだけで対処しなければならない小さなトラブルが起きていました。

「誰がボールを取りに行く？」と相談したり、「あそこのおじいさんは怖いからな……」とぼやき合ったり、割れてしまった窓ガラスの弁償のために両親と一緒に謝りに行ったり、場合によっては全員でその場から逃げ出して、でも結局、バレてしまって学校の先生と全員で謝罪に行くことになったり……。

トラブルがあったほうがいいというわけではありませんが、子どもたちだけで物事に向き合い、話し合い、行動を決めていく。昔の放課後にはたっぷりの時間と多様な空間があり、多くの仲間がいたからこそその子どもたちだけの世界がありました。

そこで起きる出来事は、学校の勉強とは違う学びになっていたのです。

当時はそんな子どもたちだけの世界を見守る、保護者でも、先生でもない大人たちの存在もありました。私でいえば、近所の商店街の大人は小さい頃からみんな顔見知り。友達とわーっと走っていても、「こんにちは」という挨拶は自然と交わしていました。

もちろん、イタズラしているところを見つかれば叱られますし、家のお使いに行くと「えらいね」と褒めてもらえる。そういう近所の大人たちとの関わりもまた、学びの一つになっていました。

放課後に余白の時間がなくなった

子どもたちの放課後から余白の時間、子どもたちだけの時間がなくなった大きな原因は、少子化などの社会の変化にあります。ただその変化に合わせる形で保護者の生活スタイルや意識も変わってきました。

夫婦共働きで近くに頼れる祖父母や親戚がいない場合、小学校から帰ってきた後の子どもたちが心配です。学童に通わせるのはもちろんですが、子どもが馴染《なじ》めなかったときは鍵っ子に。でも、毎日家にいてテレビを見たり、ゲームをしたり、本を読んだりでは時間を無駄にしているようにも感じます。

そこで、多くの保護者は子どものために習い事へ行くよう促します。

体を動かす機会が少ない分、スイミングやサッカー、体操、ダンス。学力向上のための塾やプログラミング教室、英会話。その他、ピアノやバイオリンといった音楽教室、習字、そろばんなどの昭和と変わらぬ習い事も健在です。

実際、私たちのKBCに通っている小学生の中にも月曜日は塾、火曜日はスイミング、水曜日は英会話、木曜日は習字、金曜日はピアノ……と、こんなふうに週5回習い事が入っているお子さんがいます。

もちろん、一つひとつの習い事が刺激になり、お子さんの成長を促す面はあるでしょう。それでも私が少し心配になってしまうのは、時間的な余裕のなさです。

子どもたちは小学校に入ると、急に学校生活の中で他の子と同じようにできなきゃいけない環境に身を置くことになります。

未就学児の間は「一人で歩けるようになったね」「ボタンを止められるんだ、素晴らしいね」と、自分でできることが増えるたびに褒められてきたのに、小学生になった途端、褒められる場面が減って周りと同じようにできないことを指摘されるのです。

「なんで宿題やらないの？」

「どうしていつまでたっても掛け算ができないの？」

「ランドセルの準備くらい一人でできるでしょう？」

親は我が子の成長を期待しているわけですが、どうしても「みんなと同じことがどうしてうまくできないんだろう？」という方向で考えがちです。

すると、ほんの小さなつまずきや親子の関わりの中で出てしまった、否定的な言葉から自信をなくしてしまう子も出てきます。未就学児から小学生へ。成長の個人差を無視して急《せ》かしてしまうと、自己肯定感が下がってしまうことになりかねず、自信がないことで失敗を恐れ、さまざまなことに消極的になるものです。

余白のある、余裕のある放課後の中で、本人が自分の得意なものを見つけたり、学校でうまくいかなくても遊びの中で何か夢中になれるものを見つけたりできると自信を取り戻すことができますし、自己肯定感も育まれていきます。

それが放課後の良さであって、ゆるやかな時間の中で「僕はこんなことが得意なんだ」「私はこういうことが好きなんだ」と自分で気づいて、自分を認めていく。保護者が、大人が介入しすぎない放課後時間が、子どもたちの自己肯定感の芽をしっかりと育んでくれるのです。

余白がない危険性

習い事で余白がなくなる問題について、私は保護者の気持ちも、子どもの戸惑いも、どちらもよくわかります。親は「子どもがやりたいと言ったので」と言いますが、でも本当に心からやりたいと言ったのか、という疑問は残ります。

大好きなお父さん、お母さんから、「どう？」「やってみる？」「きっと、おもしろいよ」「将来役に立つよ」と言われたら、多くの子どもはなかなか「イヤだ」とは言いづらく、親が喜んだり、安心したりしてくれるならやってみようかなという感じになります。

実際、通い始めてその習い事が好きになれば、それはそれでいいことです。でもそこで、本人は好きじゃないのに生活のリズムを保つために通い続けさせるのはやっぱりどうかと思います。

特に週4、週5で習い事が入っていると、小学校から学童にやってきて、ちょっとだけみんなと一緒にいて、塾へ出発。また学童に戻ってきて……と、習い事のはしごのような放課後になっていきます。そうなると忙しすぎて物事を自分で決定する機会が失われてしまい、自由に空想したりする時間が失われていってしまうのです。

親から見ると、一見、無駄そうに思える子どもたちの放課後の余白の時間。実はとても重要です。子どもたちは自由な時間があると、自分の頭で考え、自己決定するプロセスの経験を積むことができます。

一人で静かに本を読む子も、夢中で工作に取り組む子も、仲良くなった友達とボードゲームで遊ぶ子も、ぼんやり空想をしている子も、集団で盛り上がってドッヂビー（ソフトディスクを使用して行うドッヂボール形式のゲーム）を始める子たちも、みんな自分の行動を自己決定しています。余白の時間は、子ども自身が主体者になれる重要な時間なのです。

また、余白の時間に友達や親、先生などの大人とのコミュニケーションなどを振り返ることで、相手の気持ちを想像できる人にも育ちます。

今日の学校で、自分は反発してしまったけど、友達はこちらのことを思って指摘してくれたのかもしれない。いや、やっぱり友達がわがままだったと思う。だから、こちらから厳しく当たってしまったのは仕方ない。でも、明日以降も気まずいのはイヤだから、こっちから仲直りしようかな、とか。

お母さんにひどく叱られて、しょんぼりしたし、ムカついたけど、お母さんも疲れちゃっているように見えた。考えてみると、叱るほうも大変なのかもしれない、とか。

周りの人がどう考えているのかを想像して、コミュニケーション上に生じた齟齬《そご》を次に活かしていくこと。これは社会人になってからも大切な能力です。空想すること、想像することと。普段からその時間を持っていない人は、どうしても自分視点で物事を考えるようになっていきます。

だからこそ大人は、子どもたちが持つ、一見、無駄のようにも見えるぼんやりした余白の時間、自由に考え、試行錯誤して遊ぶ時間を、尊重してあげたいものです。

学童はかつての放課後のような空間

失われた放課後時間に対して、現代の学童は子どもたちにかつての放課後を経験させてあげられる場所だといえるかもしれません。

学童では通っている学校も、学年も異なる子どもたちが放課後に集まってきてグループを作り、放課後時間を過ごしていきます。なかでも私たちキッズベースキャンプには、国立、私立、区立、市立など、それぞれの教育観を持つ学校で学んでいる子どもたちが通っています。

各施設にやってきたら、そこには常勤キッズコーチだけでなく、非常勤として子どもたちに負けず走り回ってくれる大学生、おいしいごはんやおやつを用意してくれる料理上手な主婦の方、手作りのおもちゃを作ってくれる元大工さん、きれいな掃除の方法や将棋の遊び方を教えてくれるシニアの方、外国語が堪能な方など、上は70代、下は大学生と幅広い年齢層のいろんな得意な技を持っている多くの大人が、子どもたちのグループとにぎやかに関わっていきます。

学校とも家庭とも違う大人たちとの関わり。小学校の同級生ではない友達とのつながり。こうした環境が揃っている学童での時間は人工的なものですが、現代の子どもたちはそこでかつての放課後のような世界を体験することができるのです。

そこにはやはり学校の勉強とは異なる学びがあります。

例えば、一人っ子で育ってきて、小学生になったばかりの1年生がいたとしましょう。今までは自分の思い通りに自由に生活できていた子が、学童にくると同級生や上級生がいて、やりたい遊びがすぐにできないとか、みんなで話し合って過ごし方を決めていくといった場面に遭遇します。

意見が衝突したり、ときにはケンカになったり、子どもたちは自分の思い通りにいかない状況に対して折り合いをつけていくわけです。しっかり自己主張をしたり、相手の意見を受け入れたり、今回は合わせるから次は自分の好きなようにさせてね、と交渉したり……。

こうして高まっていくコミュニケーション能力や社会性は、取り組むことが決まっている塾や大人が指導する習い事ではなかなか育まれません。しかし、子どもの世界で揉まれながら、自分らしく楽しく遊べるようになっていく過程で身につく力は、中学、高校に上がったときだけでなく、社会に出てから確実に役立ちます。

こうした経験を小学生の低学年の段階から積んでいくのは、学校の勉強とは異なる意義のあることなのです。

高学歴と社会で活躍できる力は違う

私自身、ＫＢＣを起業するまで何度かの転職を経て、さまざまな業種、業界で仕事をしてきました。

誰もが知る有名大学を卒業した人、国内外から人材が集まる外資系コンサルティング会社からヘッドハントされてきた人、若くして抜擢されて管理職となった人など、いわゆる頭のいい人たちとも一緒に働き、意外に思ったことがあります。

それはゼロからイチを発想して新たな企画、事業アイデアを創り出せる人、さまざまな背景を持つメンバーを巻き込み一つのチームとして動かせる人が、思いのほか少ないということでした。

優秀な学歴を持つ人は、たしかに仕事ができる人が多いです。頭の回転が速く、ビジネスに必要な知識ときれいな企画書づくりやプレゼン能力があります。ただ、その「できる」は、ある程度決まったフォーマットや理論、正解がある仕事で発揮されるイメージだったのです。

一方で、ゼロからあるいはイチから誰もやったことがないアイデアを生み出したり、他の人が気づかない市場の可能性を見つけたり、雰囲気が悪くバラバラになっているチームを共通の目標のもとにまとめたり……といった力を発揮する人は、学歴とは関係なく人間的な魅力やその分野における卓越した能力、技術、専門性を持っていました。

そして、こうした人たちが革新的な事業を提案し、ときには非常識にも思える個性や創造性、行動力を見せ、周囲の人を惹きつけながら活躍していったように思います。

つまり、高学歴といった偏差値的な頭の良さと、社会で活躍できる力は必ずしも一致しないのです。

私たちは、こうした社会で活躍できる力を「人間力」と呼んでいます。そして、人間力を構成する要素が第2章以降で詳しく解説していく「非認知能力」。実は、子どもたちが自己決定できる自由な放課後時間は非認知能力を育て、結果として人間力を高めてくれると考えています。

基本的に学校教育や学習塾の授業で行われているのは認知能力を高める教育です。目に見えて点数がつけられる能力、こうした能力も必要ではありますが、それに対して私たちが重要視している非認知能力を高める教育も、子どもたちが大人になり社会に出るときにはとても大切なのです。

放課後時間こそが「人間力（=非認知能力）」を育てる

非認知能力を高める教育とは、端的に言うならば正解が一つではないという教育です。

本書の冒頭でも触れたように、これからの時代はＡＩも発達していきますし、知識をインプットして、テストの時間に短時間でアウトプットする能力、いわゆる情報処理能力が高い人材は、ある意味それほど重要ではなくなっていくでしょう。

成熟した日本の社会では、学歴や学力だけでは通用しないことは明らかです。コミュニケーション能力と自分の考えを主張して世界と渡り合えるようなグローバル人材や、クリエイティブなアイデアを生み出し新しい価値を創造するイノベーション人材が、求められていきます。

一般的な日本の学校教育の環境では、手を挙げて発言をし、自らの主張を展開したり、活発に議論を戦わせたりするような場面は少なく、目立ったことをするよりも規律を守り、同じことができる協調性が重視されてきました。

その点、私たちは日々の学童での時間はもちろん、イベントやキャンプなどの多様な体験の場を作り、子どもたちが多くの人と出会い、話し合い、議論します。また、読書やワークショップを通して自分の好きなことを発見し、思考力や個性を伸ばし、夢を育んでいくことに力を入れています。

社会を生きていく上では、みんなと同じタイミングで、同じようにできることも必要でしょう。しかし、それ以上に他者と異なる個性を持てるのはそれだけで素晴らしい。恥ずかしがらずに堂々と違いを活かし、強みを伸ばしていける人になってもらいたい。

私は放課後の遊びや生活、さまざまな子どもたちや異年齢の人たちとのコミュニケーションによって人間力が鍛えられ、培われていくと考えています。

私たち大人は、そっと裏側で放課後の体験を組み立て、コーチングで潜在能力を引き出していく。子どもたちは毎日を楽しみながら、いつの間にか非認知能力を磨き、人間力を高めていく。本書では、そんな好循環を実現するための保護者の関わり方についても解説していきます。

もちろん、中学受験を否定するわけではありません。ただ小学生の低学年、中学年の時期にはより大事なことがあります。この時期の放課後時間を過ごすうえで大切なのは、先取り学習をすることでも、中学受験の準備を急ぐことでもありません。

あせらず、せかさず、「まなび」の土台をしっかり作ること。親御さんからは遠回りのように思えても、その時間が子どもたちの非認知能力を磨き、中学受験をする場合にも塾だけでなく、自宅での学習ができる自発的な学習エンジンをつくっていってくれます。

私はKBCを通じて、本当にたくさんの子どもたちの変化と成長を目にしてきました。小学生の子どもたちは1年の間に驚くほど変わっていきます。

極端な話、１回のサマーキャンプを経験しただけで、「こんなにリーダーシップを発揮できる力を持っていたんだ」「周りの話を聞きながら調整する能力が一気に磨かれた」「自分の言ったこと、やったことに責任を持てる姿を見せてくれるようになった」など、こちらがさびしくなってしまうくらいポンッと成長してしまいます。

まるでスポンジが水を吸い込むように、周囲からの刺激をどんどん受け取って自分のものにしていく小学生たち。私も含めて保護者はどうしても自分の子どもの足りないところに注目し、子ども扱いしてしまいがちですが、一歩離れて客観的に見てみると、１年前と今では信じられないくらい成長しています。

私たち大人が放課後時間の価値を再認識し、みるみる育つ子どもたちの非認知能力、人間力を伸ばす機会としていきましょう。

楽しく学び、早く明日が来ないかな……と期待して放課後を過ごせることを第一とし、子どもの好奇心を活かし、新しいことに挑戦する気持ちを応援していく。それが未来の社会の各分野で活躍するリーダーとなる子どもたちを育てることにつながると信じています。

英語に“make a difference”という言葉があります。

違いを生み出し、素晴らしい変化をもたらすというような意味です。子どもたちの可能性は無限大。子どもたち一人ひとりの自由な発想や自発的行動を肯定的に認め、子どもが持つ可能性を引き出すよう、大人たちが寄り添っていく。そうしたアプローチが一人ひとりの人間力を高めていくのです。

第２章　放課後時間が人間力を育てる

学校教育1200時間に対して学童保育は最大1600時間

そもそも学童保育と聞いたとき、あなたはどのような場所をイメージしますか？

今まさに小学生のお子さんを通わせている保護者の方は、毎日足を運ぶ身近な施設がパッと思い浮かぶでしょうし、小さなお子さんを子育て中の保護者の方は、「そういえば、小学校のそばにあったかも……」と学校の敷地にある建物に小学生たちが集まっている場所を思い起こすかもしれません。

もともと学童保育は、働く女性の数が増加し、いわゆる「鍵っ子」が社会問題化した高度経済成長期に、保護者の自主運営や市町村の事業として広がっていった仕組みです。ですから、地域によって運営のあり方が違い、隣接している東京都と神奈川県の人でも学童保育という言葉からイメージする姿が異なります。

現在、学童保育の運営は三つの形式で行われています。

一つ目は、行政が施設の設立と運営業務を行う「公立公営」。

二つ目は、行政が施設の設立を行い、運営業務に関しては民間企業などに複数年にわたり包括的に委託する「公立民営」。

三つ目が、民間企業などが施設の設立、運営業務を行う「民立民営」のいわゆる民間学童

（ＫＢＣは三つ目の民間学童としてスタートし、現在は港区、新宿区、大田区、目黒区などから運営業務を受託して公立民営の学童保育事業も行っています）。

昭和30年代に学童保育事業が始まった頃と比べ、近年は子どもたちが自由に遊ぶことのできる場、機会は減っていて、習い事や塾が増え、保護者の働き方も大きく変わりました。こうした変化によって、子どもたちの放課後の過ごし方も多様化。保護者のニーズは、遅い時間までの預かりや教育プログラムによる学習機会があること、インストラクターによるスポーツの指導など、公的な事業だけでは対応しきれない範囲に広がっています。

そこに私たちのような民間事業者が参入したことで、大きな括りの学童保育という名称の中で提供される支援、サービスの質、内容ともに多様化しています。

放課後、学校敷地内の建物にランドセルを置いた後、子どもたちが校庭に走り出て遊ぶ、昔ながらの公立学童もあれば、児童館や公民館の一角に子どもたちが集まってくつろいで過ごす公立民営の学童もあれば、各小学校まで送迎の車両が向かい、習い事への移動も担ってくれる今どきの民間学童もあります。

いずれにしろ共通しているのは、そこにいる大人たちが子どもたちを「おかえり」と迎え入れ、放課後時間をともに過ごしていくこと。小学生が学校にいる時間は年間１２００時間。それに対して、家庭での食事や就寝などを除いた放課後の時間は１６００時間です。

生活や成長における放課後時間の役割は大きく、さらにその多くの時間を子どもたちは学童で過ごします。学びの場、成長の場として、学童保育は大きな意味を持ち、可能性を秘めているのです。

学童保育の可能性

「水は方円《ほうえん》の器《うつわ》に随《したが》う」という言葉があります。

8～9世紀の中国の詩人である白居易《はくきょい》の詩の一節で、その意味は「水は容器の形によって、どんな形にでも順応する」というもの。そこから転じて、人は交友関係や環境によって、善にも悪にも染まりやすいことの例えとして使われています。

この言葉のとおり、子どもたちの成長には出会う人と、日頃から接しているコミュニティが大きな影響を与えます。学童保育は学校も学年も異なる子どもたちが集まり、交流しながら放課後時間を過ごす場所。学校はさまざまな機会や経験を通して、子どもたちの成長を促してくれますが、基本的には教科教育が中心となります。

学校よりも長い時間通うことになる学童は、学校と違う役割を担うことができるのです。学校の宿題をしたり、習い事の教材を進めたり、読書をしたり、民間学童オリジナルのプログラムを受講したりと、何かを学ぶ時間も取れますし、友達や大人たちと一緒に活動することがコミュニケーション能力を伸ばす機会にもなります。

　でも、私はそれ以上に学童での放課後時間において重要だと考えているのが、余白の時間です。誤解を招く表現かもしれませんが、子どもたちが安心してぼーっと過ごせる時間があること。そこに学童保育の可能性を感じています。

　学校の授業、塾のカリキュラムは基本的に大人の決めたタイムスケジュール通りに子どもたちが行動するようにできています。そこで学べることはもちろんたくさんありますが、大きく欠けてしまっている要素があります。

　それは子どもたちが自分で選択したり、決定したりする機会です。

　人は自己決定を繰り返すことで、成長していきます。そして何かを選んだり、決めたりするまでには、ぼんやりと自分と向き合う時間が欠かせません。あなたもカフェでコーヒーを飲んだり、公園のベンチで一息ついたり、歩きながらその日の出来事を思い返したり、ぼーっとする時間の中で、考えをまとめたり、自分の行動を振り返ったり、明日以降に何をするかを決めたりしていませんか？

　日々試行錯誤を繰り返しながら成長している子どもたちには、大人以上にぼんやり過ごす時間が必要です。本来、放課後は子どもたちにとって解放されている自由な時間のはずだったのに、そこまで大人が設計したカリキュラムの連続にしてしまうと、子どもたちから自分で考える機会を奪うことになってしまうのではないでしょうか。

学童で過ごす放課後時間には、保護者からも学校や塾の先生からもあれこれ言われない、自由な時間があります。

認知能力の土台になる非認知能力

その自由な放課後時間の中で身についていくのが、非認知能力です。認知能力に「あらず」をつけての非認知能力とはどういったものか。

まず認知能力とは、数値で測れる能力のことです。わかりやすくいえば、「これは何点だ」と点数をつけられる力のこと。代表例は学力で、算数も国語も社会も理科も英語もテストの点数で力を測ることができます。

一方、非認知能力は点数のつけられない能力全般のことです。想像力、集中力、判断力、好奇心、やり抜く力といった内面的なもの、共感性や公共心、コミュニケーション力などの他者との関わりを築いていく社会的なスキル、またそれらを含んだ本人の人間性も非認知能力に含まれます。

詳しくは第3章で解説しますが、経済協力開発機構（ＯＥＣＤ）では、非認知能力を「社会情動的スキル」（social and emotional skills）と呼び、自分の感情面をコントロールする情緒的スキルと他者との関わりをつくる社会的スキルに分類し、生涯にわたって伸ばしていける能力として重要視しています。

例えば、子どもたちの日常のこんなところから認知能力と非認知能力の違いが見えてきます。算数ドリルの計算の問題を10問解くという宿題が出たとしましょう。

この10問をどれだけ間違いなく、速く答えられるのかで見えてくるのが認知能力です。間違いと正解の数ははっきりと数字にできますし、10問解くのにどれくらいの時間がかかったかも、はっきりと数値化できます。速く正確だった順に順位をつけられるのが認知能力です。

それに対して非認知能力は、数値化できません。でも、子どもたちの様子を見ると、伝わってくるものがあります。

算数ドリルの宿題に対してのやる気や集中力はもちろん、ちょっと難しい問題が途中にあったとしても、「やめたー」とならずに挑戦する能力。あるいは、途中で飽きてやめてしまった後、しばらくして再開するやり直す力。その他、わからない問題について「ここわからないから、おしえてー」と保護者や友達に聞けるコミュニケーション力も、非認知能力側にあるものです。

どれだけ速く正確に解ける力があっても、わからない問題が一つあったら挫《くじ》けてしまうようなら親はやきもきしますし、基本的な問題でつまずいて「うちの子は計算苦手で大丈夫かな……」と心配でも友達に聞きながら宿題を済ませてしまう一面を知ったら、「聞ける子に育っていていいな」と思います。

学習において、認知能力と非認知能力はお互いに影響し合います。非認知能力が土台となって認知能力が伸びることはよく知られていますが、認知能力の高さが自信となって非認知能力の土台が厚みを増すこともある。つまり、どちらも子どもたちにとって重要な力なのです。

放課後で身につく非認知能力

「子どもの非認知能力、人間力を伸ばしたい、伸ばしてあげたい。そう思ったとき、親は何をしてあげたらいいですか？」

私は学童保育の現場で何度となく、こんな質問を受けてきました。そのとき、私は「特別なことをしてあげる必要はありませんよ」とお伝えしています。そうすると、保護者の方は「ん？」という表情をされます。

それはそうかもしれません。ＫＢＣのパンフレットには「社会につながる人間力＝非認知能力を育みます」と書いてありますから。たしかに私たちは子どもの非認知能力を伸ばせる体験価値のあるプログラムを、子どもたちが過ごす放課後時間に盛り込んでいます。しっかりと考え抜かれたプログラムであることには自信を持っていますが、ただそれは大それた取り組みではないのです。

根底にあるのは、子どもたちの小さな「やった！」や「できた！」、「やりたい！」や「どうして？」、「わかった！」を大切にしていくという想い。そのどれもがKBCに来なければ味わえない達成感や疑問や喜びではありません。

かつての放課後には、広がりのある空間があって、そこで友達とともに自由な時間を過ごし、自分たちがやりたいことをやっていました。その中で、仲間とのコミュニケーションや遊び方の工夫などを通して、身近な出来事の変化に気づいたり、学んだり、そこから何か別の物事へと意識を向けていったり……。子どもたちは遊び、楽しみ、ときには一人でぼんやり過ごしながら自分の世界を広げていったのです。

その時間には、たくさんの小さな「やった！」や「できた！」、「やりたい！」や「どうして？」、「わかった！」があり、それが非認知能力を育んでいました。

もし、そこで子どもが工夫をこらしていた遊びの時間に「そんな遊びはつまらない」「遊んでいる時間がもったいない」「それよりもっと勉強しなさい」と、大人が介入し、勉強の時間にすり替えてしまったとしたら、それは成長の邪魔になっているといえます。遊びよりも勉強のほうに価値があるなんていうのは大人の勝手な偏見ですから。

今の子どもたちは学校や塾、習い事などの座学に忙しく、試行錯誤しながら自分の世界を広げていく遊びの時間を持ちにくくなっています。そんななか学童保育は、子どもたちに遊びの体験価値と人との関わりを持てる放課後を提供できるのです。

サードプレイスとしての学童保育

学校でも家庭でもない、子どもたちの「サードプレイス」。それが私たちの目指す学童保育の姿です。

私は子どもの頃にボーイスカウトに所属していた経験があります。小学2年生のとき、「制服がかっこいいな」と思って入隊したのですが、そこで得た体験は今でも鮮明に覚えています。

絶対にほどけないロープの結び方を教わったり、大人と一緒に鶏をさばく体験をしたり、トイレをつくるところから始まるキャンプをしたり、街頭で赤い羽根共同募金の活動に参加したり……。ボーイスカウトを運営する大人たちは、子どもたちにさまざまな体験の機会を用意してくれました。

最初は何のために行うのかピンときていなかった奉仕活動も、異年齢の仲間と一緒に取り組む中で「なるほど、この募金はこういうふうに社会の役に立つんだ」と実感できるようになっていき、世の中のお金の流れを知るきっかけにもなりました。

また、班活動では年齢とボーイスカウトとしての経験値による階級制があり、上級生と下級生が一緒に活動します。自然と「上のクラスに行きたい！」という気持ちが芽生え、「そのためにはロープ結びをもっと練習しなきゃ」と子どもながらに目標を持って取り組むようになりました。

刺激のある環境にいると、子どもは自然と自分なりの意欲的な気持ちを発揮するようになる……。この体験は私の土台となっていて、今のＫＢＣの運営にも活きています。子どもたちは目標を持って頑張る機会があると、驚くほどの成長力を見せてくれるのです。

とはいえ、残念ながら、すべての学童保育がそうした子どもたちの成長を支える場になっているわけではありません。以前、私の次男が通っていた地元の学童は、職員のテーブルが教室の真ん中にドンと置かれ、遊ぶスペースは狭く、15人ほどの子どもたちがただテレビを見ているだけ。その間、職員同士は談笑していて、怪我がないように見守ってこそいましたが、子どもたちが自発的に何かに取り組める環境ではありませんでした。

これでは子どもたちの大切な放課後時間が消費されていくだけです。

もちろん、多くの学童保育の運営者は「テレビを見せて静かにさせる」ような場所にしないよう努力しています。

例えば、外遊びでは子どもたちと一緒に職員も参加して、全力で鬼ごっこを楽しみます。一見、ただの遊びに見える鬼ごっこですが、実は子どもたちの心と体の発達に重要な要素がぎっしりと詰まっています。

全力で走ることで持久力がつき、急な方向転換で体のバランス感覚が磨かれ、鬼と自分と他の友達を同時に視野に入れながらアクションを起こすことで協応性（二つ以上の動きを同時に行う力）が伸び、相手の動きを予測して捕まえにいくことで空間認知能力も育まれます。さらに、チームに分かれて行えば、協調性や競争心も培われていき、どの動作もサッカーやバスケットボールのようなチームスポーツの基礎にもなっていくのです。

また、散歩やピクニックなどの穏やかな外遊び中には、自然と子どもたちが五感を働かせます。虫や小動物に触れ、土や石を手に取り、木々の香りを感じ、季節の移ろいを全身で感じ取っていく。学童保育での放課後時間はそんな豊かな体験ができる場所でもあります。

小学生という多感な時期。学校の先生でも親でもない、でも信頼できる大人とのつながりは、子どもたちの視野を広げ、将来の可能性を大きく広げてくれるのです。私たちは、かつての近所の空き地や公園のように、学童保育の場を子どもたちが安心して集い、のびのびと過ごせる場所にしていきたいと考えています。

親の都合で行く場所より子どもが自ら「行きたい」と思える場所

保育園や学童保育に子どもを預け始めるとき、多くの保護者の方は申し訳なさそうな表情を浮かべます。特に子どもがさみしがったり、不機嫌だったり、泣いて離れたがらなかったりするとなおさらです。でも、子どもが徐々に保育園や学童に慣れ、「保育園、楽しい！」「学童、おもしろい！」と笑顔で話すようになると、保護者の表情も変わってきます。「ここなら安心して子どもを育ててもらえる。私一人で抱え込む必要はないんだ」

保育園も学童保育も親の仕事の都合で「預けなければならない」場所ではなく、子どもが「行きたい！」と思える場所であることが大切です。子どもにとってそこにいる時間がつまらないものであれば、放課後時間が苦痛になってしまいます。実際、「はじめに」でも書いたように、私の長男は通っていた学童から脱走してしまいました。

だからこそ、学童保育に関わる大人たちは子どもたちが毎日を楽しみながら過ごせる環境づくりを第一に考えています。子どもが楽しんでいれば、保護者の方も「自分のキャリアのために預けている」といったネガティブな意識を持たずにいられます。

なにより、楽しい放課後時間の中で子どもたちは驚くような成長を見せてくれるのです。

例えば、1年生のときはやんちゃだった子が、2年生になって後輩の面倒を見るようになる。率先してルールを守ってくれるようになり、スタッフのお手伝いをしてくれるようになる。サマーキャンプでの体験をきっかけに、家でも新しいことにチャレンジするようになる……。

KBCではこんな出来事もありました。私たちは放課後時間の中に、掃除も活動の一つとして盛り込んでいます。大人と子どもが一緒になって、ゲーム感覚で自分たちの施設をきれいにしていくのです。すると、あるとき保護者から「うちの子が突然、家でトイレ掃除を始めて驚きました」という報告がありました。大人にとって掃除は面倒な作業かもしれませんが、KBCの子どもたちにとっては遊びの延長。一生懸命に便器を磨く姿に、むしろ私たち大人が学ばされることも多いのです。

このように、私たちは嫌な活動を強制するのではなく、子どもたちが遊びの延長として捉えられるように関わり方を工夫しています。そうすることで、子どもたちは自然と楽しみながら活動に取り組み、それが習慣として身についていくのです。

挨拶をする、脱いだ靴をきちんと揃える、お客様が来たときにはきちんと対応する……。こうした基本的なマナーも、楽しみながら身につけていってくれます。

もちろん、新しい先進的な取り組みも行っていますが、同時に学童保育が本来持つべき価値もしっかりと大切にしています。保護者の方々からは、そうした総合的な教育効果を評価していただいているようです。

合わせて私たちは、教育的な活動を詰め込みすぎないよう、意識的に気をつけています。その日の気分でやりたいことが変わってもいい。友達との関係性が変化して、遊びの内容が変わっていくのも自然なこと。それも子どもの成長の一つです。

キャンバスに絵を描くときのように、あえて余白を残しておく。たくさんのイベントや体験の機会を用意しながらも、子どもたちが自由に過ごせる時間も重視する。そうした「余白の時間」があってこそ、子どもたちは自分のペースで成長していけるからです。

子どもたち自身は気づいていないかもしれません。でも、保護者の方々からは「子どもがこんなに変わってきた」という声をよく聞きます。それこそが放課後の価値であり、学童保育に通わせる意味なのだと思います。

教えてもらう教育ではなく気づき学べる教育

「こうしたらいいんじゃない」「次は〇〇だから準備して」

学校の授業では、どうしても先生から児童への一方通行の指導になりがちです。家庭でも、ついつい親が先回りして答えを教えてしまったり、やり方を指示してしまったりすることが多くなります。

しかし、私たちは学童保育の現場で異なるやり方を心がけています。大切にしているのは、子どもたちに「気づかせる」「考えさせる」こと。そのために、ＫＢＣではコーチングの技術を活用しています。

例えば、友達同士でケンカになってしまったとき、遊んでいて施設の備品を壊してしまったとき、ふざけすぎてルールを破ってしまったときなど、何かトラブルが起きても、すぐに叱るのではなく、まず子どもたちの話に耳を傾けます。

その子の言い分がたとえ言い訳のように聞こえても、どういう背景があってそうなったのかをしっかりと聞く。興奮して怒りが収まらないようなら、気持ちが落ち着くまでじっくり待つ。寄り添ううち、子どもたちとの間に信頼関係が築かれていくからです

また、子どもに何かを促すときは、「〜しなさい」という命令形は使いません。代わりに「そろそろ○○の時間だけど、この後どうしようか？」「何から準備する？」といった質問を投げかけ、子ども自身に考えてもらい、自分なりの答えを見つけ出してもらいます。

なぜなら、問いについて考えるうちに、子どもたちの思考は主体的になっていくからです。

具体的な例を挙げると、学童で学校や塾の宿題に取り組むとき、私たちは「早く終わらせなさい」とは言いません。その代わりに、「どの宿題からはじめる？」「今日は何時までに終

わらせる目標？」などと問いかけ、具体的にどう取り組むかを考えてもらうように促します。場合によっては、ストップウォッチを取り出し、「最初の３問、何分で解けるかな？」「さて、今日の○○くんは、今から５分の間に何問までできるでしょうか？　昨日と同じ５問かな……？　ちょっとがんばって６問かな……？」などと子どもがゲーム感覚で取り組めるような声かけをしながら、さりげなく子どもの自発性を引き出します。

難しい宿題に困っている場面では、子どもが「この問題わかんない……教えて」などとキッズコーチを頼ってくることもあります。そんなときにも「たしかにこれは難しい問題だね……」と子どもの気持ちに寄り添いつつ、「問題文はしっかり読んでみたかな？」「辞書で調べるとわかりそうだけどどうかな？」と、解決の糸口になりそうなヒントを与えつつ、問いかけます。すると、「あっ、そっか！　たしかに辞書を使えばできそう！　やってみる！」と自発的に取り組んでくれるのです。

また、勉強は個室に閉じこもらせるのではなく、開放的な空間で大人とコミュニケーションを取りながら進めていくようにしています。宿題をやりながら、ちょっと飽きてきた様子が見えたときは「今日、学校ではなにしてきたの？」といった雑談をしてみると、子どものほうから「この問題、どう思う？」と相談してくれて、対話を重ねるうちに自然と学びが深まっていくこともあります。

そうやって物事がうまくいったとき、子どもたちから気づいて行動してくれたときの褒め方も工夫しています。ポイントは具体的に、その場で褒めること。うまくいかなかったときでも、途中までのプロセスや努力を認めること。「ここまでよくがんばったね。丁寧に取り組んでいたのを見てたよ。すごいね」という言葉かけを心がけています。

個性の伸ばし方も重要です。長所と短所は、コインの表と裏のようなもの。短所と思われがちな特徴も、見方を変えれば個性として輝く可能性があります。キッズコーチは子どもの個性をしっかりと認め、それを本人も受け入れられるよう導いていきます。

なぜなら、個性と自信は密接につながっているからです。

異年齢の仲間たち、学童にいる大人たちに認められることで自己肯定感が育まれるだけでなく、一つでも得意なことが見つかると、それが大きな自信となって、他のことにも挑戦しようという気持ちが芽生えます。特にみんなの前で褒められる経験は、子どもたちの心に深く残るもの。その場では照れくさそうな表情を浮かべている子も、その経験を次の挑戦への原動力としてくれるはずです。

私たちの役割は、子どもたちの主体性を育み、個性を認めて伸ばしていくこと。そのために必要なのは、押しつけるのではなく、寄り添い、見守るという姿勢なのです。そして何より大切なのは、子どもたち自身が「できた！」という達成感を味わうこと。その経験の積み重ねが、困難に直面したときでも乗り越えていける粘り強さを育んでいきます。

「安全安心・楽しさ・成長」のピラミッド

私たちが大切にしているのは、「安全安心・楽しさ・成長」というピラミッド型の考え方です。土台となる安全があってこそ、子どもたちは心から楽しむことができ、放課後時間の楽しさを通じて成長していく。この三層構造が、子どもたちの放課後を豊かにしていくのです。

この考え方をよく表しているのが、私たちがイベントプログラムのサマーキャンプで実施している川遊びです。

「とにかく危険なものは禁止」

そう判断する教育関係者も多いですし、実際、毎年のように川や海での水難事故が報道されています。しかし、それでも私たちは徹底的なリスク管理のもと、あえて川遊びを実施しています。

なぜなら、プールとはまた違う自然の中での水遊びは、子どもたちの心を大きく揺さぶり、成長させてくれるからです。

安全面の準備として、場所の選定では過去の水害履歴を調べ、入念な下見を行います。当日の天候はもちろん、上流の水量の状況をチェックし、水位が子どもの膝を超えないことを確認。全員にライフジャケットを着用させ、安全に遊べる範囲と人数を計算してローテーションを組み、子どもたちと遊ぶキッズコーチとは別に、上流、下流に安全管理を担当する人員が立ち、見守ります。

さらに、クマの出没情報も確認し、見張り役を配置。万が一の鉄砲水に備えた避難訓練も実施して、笛の合図で1分以内に全員が川から上がれるよう練習し、流された場合のキャッチ役も下流に二重で配置。日本一と胸を張って言えるレベルの万全の備えをしている理由は、シンプルです。

思い切り川遊びをしている子どもたちは、本当にいい笑顔で過ごしてくれるから。

また、ライフジャケットを着けて流される訓練は、それ自体が子どもたちにとって最高の遊びです。キッズコーチに水鉄砲を仕掛けたり、川の生き物を探したり、子どもたちはそれぞれの個性を発揮しながら夢中になっています。

川遊びを含め、さまざまな自然活動を行うサマーキャンプは、親元を離れて自分のことを自分でやり、仲間と協力して過ごす貴重な機会です。ほんの2~3日で、子どもたちは大きく成長します。「やんちゃで言うことを聞かない」と思われていた子が、班のリーダーとして責任を持って行動し、皆から慕われる存在に変わることも珍しくありません。

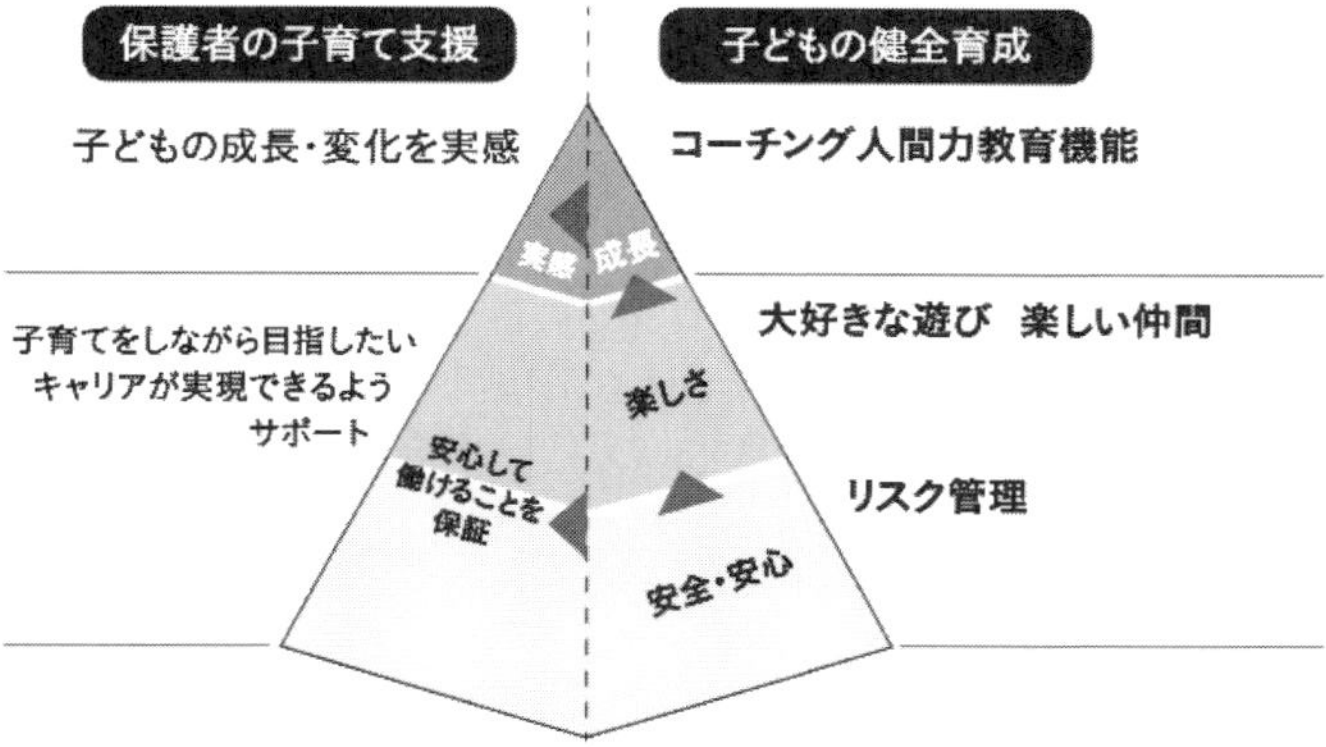

「安全安心・楽しさ・成長」のピラミッド

川遊びの様子

私たちのピラミッドの考え方は、ご家庭でも活用できます。

例えば、お子さんが木登りに興味を示したときに「危ないからダメ」と禁止するのではなく、まず安全な木を選び、大人が見守れる環境を整える。子どもの気持ちに寄り添いながら少しずつ挑戦させていく。ときには足を踏み外しそうになることもあります。でもその経験を通じて、子どもは自分の今の限界を知り、危険を回避する能力を身につけていきます。

これは家事をお手伝いする場面でも同じです。初めて包丁を使うとき、最初はにんじんやだいこんなど、切りやすい野菜から始めていく。楽しく取り組めるよう、「お母さんのシェフ見習い」といった遊び感覚を取り入れる。すると、子どもは自然と安全な包丁の使い方を覚え、「次は何を切ろうかな」「どんな料理をつくろうかな」と意欲的になっていきます。

安全と楽しさは、時としてトレードオフの関係です。心配する大人の過度な安全管理は子どもの自由を奪い、楽しさと成長の機会を失わせてしまいます。逆に、楽しさだけを追求すると危険が増していく。

大切なのは、このバランスを見極めること。私たちは安全を確保しながらも、主体者である子どもたちの「やってみたい」という気持ち、自己決定する自由を尊重しながら、その思いを実現できる場を用意します。そうすることで、子どもたちは自然と成長の階段を上っていってくれるのです。

第3章　子どもたちの人生を切り開く「人間力」とは？

AIの時代こそ人間力が求められる

２０２３年に入り、対話型ＡＩサービス「ChatGPT」が世の中に大きな衝撃を与えてからもＡＩ技術の進歩は止まることなく、私たちの想像を超えるスピードで進化を続けています。

必ずやってくるＡＩ時代に向けて、どんなふうに子育てを考えていけばいいのか。保護者の皆さんから、そんなニュアンスの相談を受けることも増えてきました。これまで「良い」とされてきた進学の仕方の意味合いが変わってくるのではないか。10年後、20年後には評価される能力がガラリと変わってしまうのではないか。先行きが見えないだけにぼんやりとした不安が広がります。

例えば、最近も医療の分野でＸ線やＭＲＩなどの医用画像をＡＩで解析して診断に役立てる、画像診断支援ＡＩの利用が拡大しているというニュースがありました。２０１９年に大腸を対象とした画像診断支援ＡＩが実用化されて以来、現在では、肺や胃、咽頭、乳房、骨、目、脳などの画像診断に活用されているそうです。

こうした画像診断支援ＡＩが腫瘍などの異常を検知する精度は、すでに人間の医師を上回っていて、膨大な過去のデータから瞬時に類似の症例を検索するなど、認知能力に優れたＡ

Ｉが特性を発揮。その結果を踏まえて、最終的な判断は医師が行うという、人間とＡＩの協働が始まっている……のだとか。こうした変化は医療分野に限らず、多くの業界で起きていて、ＡＩの発展についてはいわゆる「シンギュラリティ（ＡＩが人間の知能を超える転換点）」をめぐる議論も活発化しています。

ＡＩは人間を超えるのか、それとも超えることはないのか。この問いに対する明確な答えは、まだ出ていません。現時点のあなたの考えはどうでしょうか？　子どもたちが大人になる頃、ＡＩは脅威になっているのか、社会を支える協働のパートナーになっているのか。

私自身は、そもそも人間を超えるという定義自体が曖昧《あいまい》だと捉えています。子どもたちの将来を考えるときに大切なのは、どの部分でＡＩが人間を超え、どの部分では超えられないのかを具体的に考えていくことではないでしょうか。

データ処理や計算、パターン認識といった認知能力の面では、すでにＡＩが人間を上回っている分野が多く、大学入試の数学の試験では高校生の受験生よりもＡＩのほうが平均的に高得点を出しているという研究データもあります。

しかし、ＡＩには決定的に欠けている部分があります。それは「肉体」と「感情」です。

カメラと画像処理技術の発達によって、人間の表情や体温、血圧の変化などから相手の感情を予測するＡＩはすでに存在していますが、それでも心の機微までは察することができません。目の前の人の機嫌がいいのか、悪いのか。悩み事があるのか、そうでもないのか。いいことがあったのか、どうなのか。ＡＩ自身が温かみのある触れ合いや他者への共感、喜びや悲しみといった感情そのものを持つことはないはずです。

ここにＡＩと協働する将来を考えるときの大きなヒントがあります。

例えば、私たちの学童保育の現場にＡＩロボットが子どもたちの遊び相手として導入されたとしましょう。最初は大人気になると思いますが、すぐに飽きられてしまう様子が容易に想像できます。

なぜなら、子どもたちが求めているのは、一緒に喜んでくれたり、笑ってくれたり、時には叱ってくれたり、一人ひとりの気持ちを汲み取ろうとしながら適切な対応をしてくれる遊び相手だからです。

また、スポーツの世界を見ても同じことが言えます。ＡＩロボットは人間のアスリート以上の身体能力を発揮できるかもしれません。でも、私たちが観戦者として心を揺さぶられるのは、限界に挑戦する人間の姿であり、障がいを乗り越えて輝くパラアスリートの活躍です。ｅスポーツにワクワクするのも、競技者が人間だからこそではないでしょうか。

そこに人間ならではの価値があるのです。

近年の学習指導要領でも「非認知能力」の育成が重視されています。これは予期せぬ変化が起きるＶＵＣＡ〈変動性（Volatility）、不確実性（Uncertainty）、複雑性（Complexity）、曖昧性（Ambiguity）の頭文字をとった用語で、未来が予測しにくい状況を指す〉の時代に対応するため、自ら考え行動する力、数値化できない、目に見えない人間らしい力を高めていくことが、子どもたちの将来に必要となるからです。

恋をすること、家族を持つこと、他者と深くつながること。こうした幸せも、人間にしか味わえません。だからこそ、これからのＡＩ時代を生きる子どもたちには、人間らしい感性や創造性、コミュニケーション能力を磨いていってもらいたい。非認知能力の重要性はこの先ますます増していき、人間力はその子が自分らしい人生を切り開いていくための土台となるのです。

非認知能力が子どもの将来を左右する

教育の世界で非認知能力が注目されるようになったのは、１９６２年にアメリカで追跡調査がスタートした「ペリー就学前教育プロジェクト」の結果が大きな反響を呼んでからのことです（参照『幼児教育の経済学』ジェームズ・Ｊ・ヘックマン著、古草秀子訳、東洋経済新報社、二〇一五年）。

「ペリー就学前プロジェクト」は、１９６２年から67年の間、アメリカ・ミシガン州に住む低所得者層家庭の3～4歳児の子どもたちを対象にして実施されました。123名の子どもたちを二つのグループに分け、就学前教育を施す子どもと施さない子どもを比較。就学前教育を受ける子どもたちは毎日2時間半ずつプレスクールに通って遊び中心の授業を受け、週に一度は先生が各家庭を訪れて90分間にわたり自主性を伸ばす教育を行い、親向けのグループミーティングも実施しました。さらに研究チームは子どもたちが成人して以降、現在にいたるまで、長期間の追跡調査を実施しています。

ミシガン州で始まったこの教育プロジェクトの目的は、当時、深刻な社会問題となっていた教育格差の解消でした。のちにノーベル経済学賞を受賞することになるジェームズ・J・ヘックマン教授らの研究チームは、低所得層のアフリカ系アメリカ人の3～4歳児を対象に、就学前教育によってその後の人生にどのような違いが生まれるのかを追跡調査していったのです。

特筆すべきは、この調査が非常に長期にわたって継続されていること、そして、予想もしなかった発見をもたらしたことです。

当初、研究者たちは就学前の教育を行うことによって、子どもたちの認知能力（学力や知識）が高まり、その結果として教育格差を解消できるのではないかと考えていました。実際、子どもたちはプロジェクト開始から数年間、学力テストで高い成績を収めていたのです。

ところが、その効果は時間とともに薄れ、９歳になる頃には就学前教育プロジェクトを行ったグループと実施していないグループの認知能力的な差は顕著ではなくなっていきました。しかし、別の側面で、大きな差が現れ始めたのです。

それは学習意欲や労働意欲、自制心、困難に立ち向かう粘り強さといった、数値では測れない力の差でした。現在は「非認知能力」と呼ばれているこれらの力が、就学前教育プロジェクトに参加した子どもたちの中にしっかりと根付いていたのです。

しかも、追跡調査によってその効果は大人になってからの人生にも大きな影響を与えていることがわかりました。例えば、40歳時点までに逮捕歴がある割合は、プロジェクトに参加しなかったグループに対し、参加したグループは半分以下、月収２０００ドル以上の割合は、参加しなかったグループが７％だったのに対し、参加したグループは29％でした。また、高校の卒業率もプロジェクトに参加したグループのほうが21ポイント高い結果となりました。

この研究が教えてくれるのは、非認知能力の育成がその後の人生を大きく左右するということ。何かに挑戦する意欲、苦境に耐える忍耐力といった力は、長い時間をかけてじわじわとポジティブな効果を発揮するということです。

「ペリー就学前教育プロジェクト」の研究成果は、教育への投資、特に非認知能力を育む教育の重要性を、科学的に証明してくれました。

そして、非認知能力を育むことができるのは就学前だけではありません。幼少期はもちろん、小中学生の時期もまた、子どもたちが多くのものを吸収できる大切な時間です。実際、私たちの学童保育の現場でも、日々子どもたちの驚くべき成長を目の当たりにしています。大切なのは、それぞれの発達段階に応じて、子どもたちの非認知能力を育んでいくこと。そうすることで、彼らは自分の人生を切り開いていく力を身につけていけるのです。

企業が採用時に重視するコミュニケーション能力

社会に出てから非認知能力が重要になってくる理由の一つとして、企業が求める人材像に関するデータがあります。2022年、帝国データバンクが1550社を対象に行った調査によると、最も多かった回答は「コミュニケーション能力が高い」(42・3%)でした。続いて「意欲的である」(42・2%)、「素直である」(35・0%)、「真面目、または誠実な人柄である」(31・8%)と続きます。

企業が求める人材像

第1位：コミュニケーション能力
第2位：意欲
第3位：素直
その他、真面目・誠実、明るい・前向き、行動力、精神的強さ、主体性、忍耐力など。

ここで注目したいのは、かつて重視されていた「専門的なスキル」（18・3％）が上位に入っていないこと。特に新卒採用では、即戦力としての技能よりも、「将来的にどのような職種に進むとしても、必要となる基本的な能力・資質」、つまり非認知能力が重視されているのです。

この変化の一例として、私たち民間学童保育の採用の現場について紹介します。経営者としての私が人材を採用するとき、一番大切にしているのは相手の「人間性」です。

まさに点数として目に見えないものを重視しています。それを探るために面接では、志望者に子どもの頃からの歴史を語ってもらいます。中学受験をしたなら、それは自分から望んだのか、親に言われたのか。その経験は自分にとってどんな意味があったのかなど、友達と話すような和やかな雰囲気の中で、その人の人生に耳を傾けていくことを心がけています。

すると自然と、その人の素《す》が見えてくるのです。

また、ＫＢＣの関連団体であるキッズコーチ協会は、国が定める研修を県・自治体から受託しており、ＫＢＣ社内にはその10倍にあたる業界随一の体系的な研修が整備されています。その結果、教育理念に共感した多様な人材が集まってきました。

教員や学童保育経験者などの教育・児童福祉出身者の中には、元児童館館長などベテランもいる一方、未経験でもプロに成長できる環境が整っているので、銀行・住宅・食品・ホテル・旅行業界出身者、元自衛官、元警察官、元アイドルなど……、キッズコーチの経歴はじつにさまざまです。新卒では教員養成課程の出身者だけでなく、体育大学でアスリートとして全国レベルの活躍をした人、音楽大学で演奏を学んだ人、美術や理系の専門知識を持つ人など。共通しているのは「子どもが好きになる人」「子どもを好きになれる人」であること。ただし、そこに一つの型にはまった人物像があるわけではありません。

ハキハキと明るい人もいれば、物静かだけれど受容力のある人も。知識が豊富で子どもと趣味が合う人もいれば、芸人のように面白おかしく場を盛り上げる人も。子どもたちを引きつける「磁石のような魅力」は、人それぞれ違うのです。

小中学校の先生は往々にして、社会人経験のないまま教壇に立つことが多いですが、私たちの現場にはさまざまな社会経験を持つ大人たちがいます。そのこと自体が、子どもたちにとって貴重な学びの機会となっているのです。

こうした多様な個性を持つメンバーが、同じ理念のもとでチームを組む。ときには激しい議論を交わすこともありますが、目指す方向は一つ。その中でケミストリー（化学反応）が生まれ、新しい価値が創造されていくのです。

企業がコミュニケーション能力をはじめとする非認知能力を重視して採用を行っているのも変化の大きな時代に対応するためでしょう。入社後に伸ばすことのできる知識や技能以上に、その人が持つ個性、コミュニケーション能力、他者と関わる力、チームで働く力、成長への意欲、感情をコントロールする能力など、人間力が価値を持つのです。

今、求められている社会に通じる人間力

人間力は仕事をする上で必要になるだけではなく、私たちの日常生活のあらゆる場面で役立ちます。夫婦の関係づくり、親としての子育て、近所づきあいや地域活動への参加など、社会の中で生きていく以上、どんな場面でも人との関わりは避けられないからです。

ただし、私がここで強調したいのは「社会から求められているから身につけましょう」という受け身の姿勢ではありません。そうではなく、「自分の生きたい人生を切り開くための力」として、人間力を捉えてほしいのです。

アップル社の創業者、スティーブ・ジョブズはかつてこう語りました。

「人生の時間は有限だ。他の誰かの人生に時間を使って、自分の時間を無駄にしてはいけない」

「勇気を持って、自分の心に問いかけ、直感に従って、自分の人生を生きることが大事だ」

私はこうしたジョブズの言葉に共感します。

一人でも多くの人に、自分の生きたい人生を切り開く土台となる力としての人間力を伸ばしていってもらいたい。そんな思いもあり、私たちは世間の常識や周囲の意見に振り回されず、自分の心に正直に生きていける子どもを育てることを目指しています。

主体性と個性を大切にし、自己肯定感や自信を育んでいく。その取り組みの一つとしてKBCで行っているのが、第5章でも詳しく紹介する「KBCタウン」です。高校の文化祭のように、子どもたちが主体となって1日限りの街を作り上げます。低学年から高学年まで、異年齢のグループを作ってお店やイベントを企画し、準備を進め、接客をして、目標達成を目指します。

模擬店の店先で「あと何個で完売!」と声を掛け合い、最後の一品を売り切ったときの達成感。お客様からいただいた「かわいい商品だったね」「おいしかったよ」という言葉の喜び。そして何より、子どもたちは大人の社会を実体験することで、世の中の仕組みを体感的に理解していきます。

このイベントの特徴的なところは、リピーター率の高さです。子どもたちからも大人たちからも「来年も参加したい！」という声が多く聞かれます。これは単なる疑似体験ではなく、子どもたちが本気で取り組み、実際に成長を実感できているからでしょう。

自分は自分の道を進んでいっていいんだ、と。この年代で手応えを得る経験は自信につながり、自己肯定感を高め、その子らしい道を見つけていくきっかけとなるはずです。

子どもが人生を切り開いていくために

親の立場からすると、子どもの非認知能力の成長、人間力の向上を待つのはもどかしいものです。それこそテストの点数や偏差値のように数値として見えるものではないため、評価が難しくてやきもきします。

先ほどのＫＢＣタウンを経験した子どもたちはきっと多くの刺激を受けて好奇心や自立心がめきめき伸びているはずなのに、当日、その場で感想を聞いてみると、ひと言「楽しかった！」でおしまいということも珍しくありません。

となると、保護者としては、どうなのかな？　大丈夫なのかな？　と不安になります。

実際、学童保育の現場でも親御さんがこんなフレーズを口にしているのをよく耳にします。

「うちの子、みんなと同じようにできないのは、どうしてなんだろう」

「私が子どもの頃はもっとできていたのになぁ」

「私たちが子ども時代にできなかったことにチャレンジさせてあげたいんです」

自分の子に合った習い事を探したい。いろんな機会を与えたい。そう考えること自体はとても素晴らしいこと。でも、つい欲張りすぎて、あれもこれもと詰め込みすぎると、子どもの自由な時間が失われてしまいます。

子どものことを思えばこそ、つい手を出してしまう。期待してしまう。心配になってしまう。それは当たり前の親心です。だからこそ、私は保護者の皆さんに「ちょっと立ち止まって考えてみませんか」と声をかけるようにしています。

というのも、そもそも子育てに正解ってあるのでしょうか？

私は「ない」と思っています。親になるのは誰もが初めての経験です。2人目、3人目の子育てでも、子どもの個性が違えば、まったく違う経験になります。

「私が子どもの頃はこれくらいできたのになぁ」と思うのも当然で、子どもは親とは別の人格。親の思い通りにはなりませんし、むしろ親の望まない人生を選ぶかもしれません。でも、それでいいと思いませんか？

完璧な親もいませんし、完璧な親子関係もありません。イライラして声を荒らげてしまったり、後で「あんなことを言うべきじゃなかった」と後悔したり、試行錯誤の連続が子育てで、その過程で子どもたちの非認知能力は着々と育まれていきます。

「Nobody's Perfect（誰も完璧じゃない）」

この言葉を胸に刻んでいきましょう。親も未熟で、子育てをしながら一緒に成長している。そう考えたほうが、きっと肩の力が抜けるはずです。

将来、子どもたちは自立して、自分の道を切り開いていかなければなりません。親がどこまでも面倒を見続けることはできないのです。親が思い描く人生ではなく、子ども自身の人生。もしかしたら親の期待とは違う道を選ぶかもしれません。親が反対するような選択をするかもしれません。でも、その子が「この人生で良かった」と思えるなら、それでいいじゃありませんか。

私たちにできることは、子どもが自分の道を見つけ、困難に直面しても乗り越えていける力を育むこと。その土台づくりのお手伝いをすること。子育ては完璧を目指す必要はありません。親子で一緒に成長していけばいい。そんな気持ちで、子どもたちの未来を見守っていきたいものです。

「自分軸」と「社会軸」で育む12の知恵

第3章のまとめとして、私たちＫＢＣが子どもたちの非認知能力をどのように捉え、育んでいこうとしているのか、具体的に紹介していきたいと思います。

私たちは創業してまもなく、非常に幅広い能力である子どもたちの非認知能力を「12の知恵」としてまとめました。83ページの図のとおり、ＫＢＣで養成する非認知能力「12の知恵」は、自立した個を確立するための「自分軸」と、他者と関わるコミュニケーション力などの「社会軸」という二つの軸で構成されています。

このうち「自分軸」は自分自身について深く理解し、自分らしく生きていくための力です。具体的には以下の六つの要素から成り立っています。

⑴ 自信・自己肯定感・主体性・自立心
⑵ 知的好奇心・探究心・学習習慣
⑶ 危険回避能力・判断力
⑷ 論理的思考（筋を通す）
⑸ 想像力・創造性・集中力

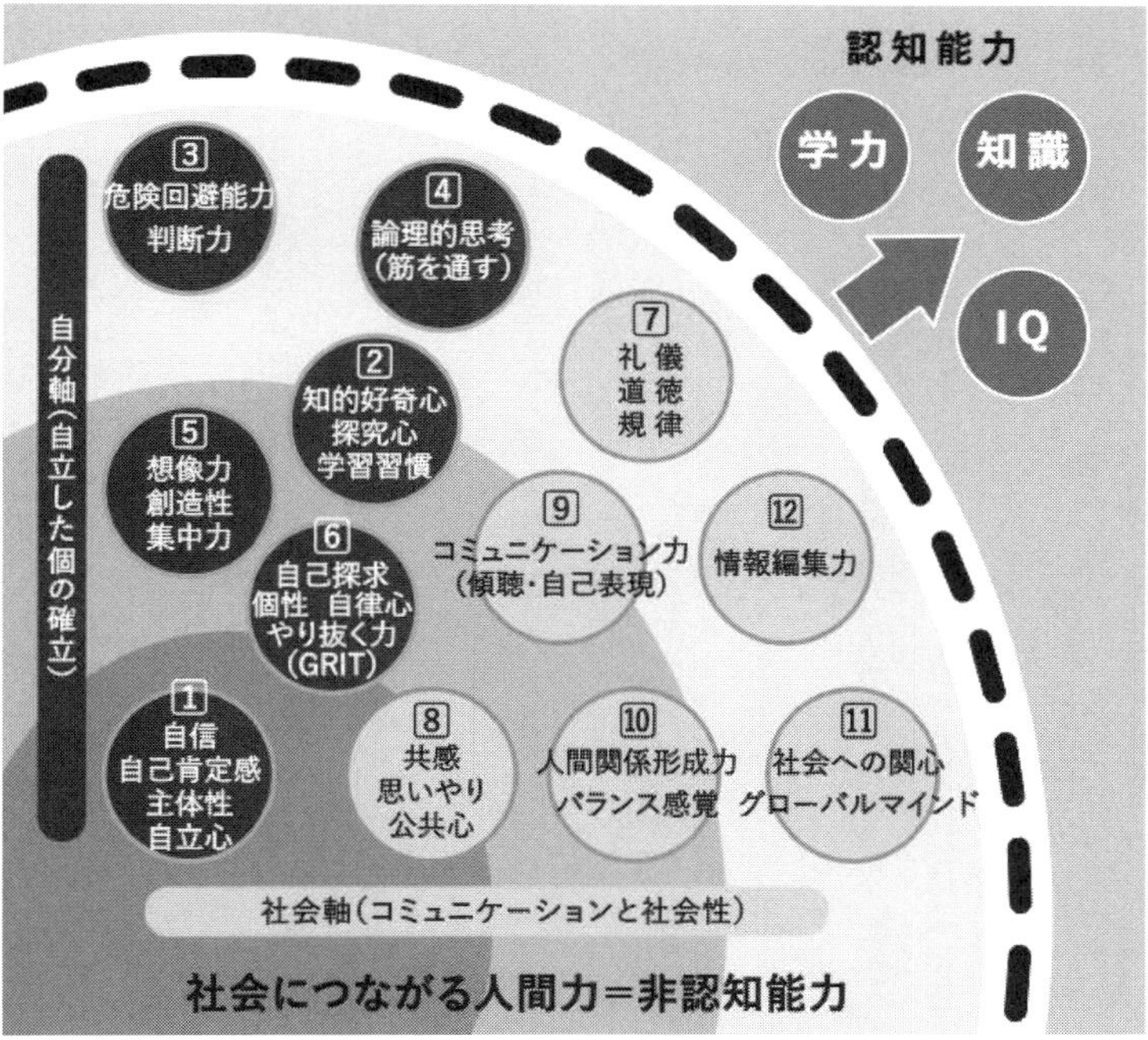

「自分軸」と「社会軸」で構成する12の知恵

(6) 自己探求・個性・自律心・やり抜く力（ＧＲＩＴ）

一方の「社会軸」は、他者や社会とつながっていくための力です。こちらも六つの要素で構成されています。

(7) 礼儀・道徳・規律
(8) 共感・思いやり・公共心
(9) コミュニケーション力（傾聴・自己表現）
(10) 人間関係形成力・バランス感覚
(11) 社会への関心・グローバルマインド
(12) 情報編集力

この「12の知恵」は、経済協力開発機構（ＯＥＣＤ）が２０１５年に提唱した「社会情動的スキル」の考え方とも通じています。ＯＥＣＤは非認知能力を、他者と関わる社会的スキルと、自分の感情面をコントロールする情緒的スキルに分類していますが、私たちの「自分軸」と「社会軸」と同じような視点に立ったものです。

キッズベースキャンプで子どもたちに育まれていく12の知恵

			3つのプログラム														
			日常				イベント						まなび				
			学習習慣サポート	外遊び	じぶん時間(余白)	キッズミーティング	キッズMBA(お仕事と社会)	KBCサイエンスLabo	KBCクッキング	アトリエKBC	KBCスポーツ	アウトドア・ツアー	コミュニケーション講座	KBC LIVE ENGLISH	グローバルリーダーズ	グローバルイシューズ	ハローNIPPON!
12の知恵	自分軸	①自信・自己肯定感・主体性・自立心	◍		●	◍			●		◍	●	●	●			●
		②知的好奇心・探究心・学習習慣	●		●		◍	●					◍	●	●	●	●
		③危険回避能力・判断力		●					◍	◍	◍	●					
		④論理的思考(筋を通す)				◍	◍	◍					●			●	
		⑤想像力・創造性・集中力	●	●	●			◍		●		◍	◍				
		⑥自己探求・個性・自律心・やり抜く力(GRIT)	◍		●	◍	●					◍	●	◍	●		●
	社会軸	⑦礼儀・道徳・規律		●		●			●		●	◍					
		⑧共感・思いやり・公共心		◍	◍	●				◍	●	◍	◍			◍	
		⑨コミュニケーション力(傾聴・自己表現)			◍	●	●			●			●	●		●	
		⑩人間関係形成力・バランス感覚		◍	◍		◍				●	●					
		⑪社会への関心・グローバルマインド					●	●	◍			●	◍	●	●	●	●
		⑫情報編集力	●				●			◍			●		◍	●	◍

12の知恵と３つのプログラム

では、これらの力はどのように育まれていくのでしょうか。私たちは学童保育の放課後時間の中に、「日常プログラム」、「イベントプログラム」、「まなびプログラム」という三つの柱を立て、子どもたちの非認知能力の成長をサポートしています。

日常プログラムとイベントプログラム（非日常体験）の組み合わせが重要

「日常プログラム」は、いわゆる子どもたちが学童で過ごすいつも通りの放課後です。

そこで、私たちが大切にしているのは「じぶん時間」という余白の時間。学校や習い事からKBCの施設にやってきた子どもたちは、自分なりののんびりした時間を過ごします。友達と遊んでもいいし、一人でぼんやりしてもいいし、何か作ってもいいし、本を読んでもいい。放課後という白いキャンバスに自分の絵を自由に描ける喜び。ぼーっと空想する時間も想像力を育てています。多くの選択肢があり、一人ひとりが自分でやりたいことを考え、自己決定することで主体性も育まれていきます。

子どもたちは放課後のちょっとした遊びから多くのことを学んでいきます。

例えば、外遊び。単純な鬼ごっこでも、走ることで体力がつき、ルールを守ることを学び（社会軸の規律）、仲間と協力することで社会性が育まれていきます（社会軸の人間関係形成力）。

そして一日の締めくくりに毎日行われる「キッズミーティング」では、子どもたちが司会

イベントプログラム（アウトドア・KBCファーム）

を務め、全員でその日の出来事を共有します。発表する子は自己表現力を、聞く子は傾聴力を磨いていきます。

こうした日常にプラスして、季節ごとのイベント、通年のプログラムとして行われるのが「イベントプログラム」。その代表例が通年の教育プログラムとして実施している「キッズMBA」です。これは経済の仕組みや社会の課題を楽しみながら学んでいくもので、その集大成が先ほど触れた「KBCタウン」で、子どもたちは学んだことを活かしながら自分たちで街づくりを行います。

KBCタウンでは市長選挙を実施し、お店のコンセプトを考え、商品を準備し、接客。この過程で、探究心（自分軸）、創造性

（自分軸）、コミュニケーション力（社会軸）、社会への関心（社会軸）など、さまざまな力が育まれていきます。

その他、第2章で「日本一安全に配慮した川遊び」と紹介したサマーキャンプは夏に行われるイベントプログラム。春には田植え、登山、秋には国内のさまざまな場所を巡るツアーやわかさぎ釣り、冬にはスノーキャンプやドッヂビー大会が行われます。子どもたちは自然の中での体験活動を通じて、精神的自立や危険回避能力を育んでいきます。

また、「まなびプログラム」では、より専門的な学びの機会を提供。将来、自分の力で考え、他人の考えを理解し、自分の言葉で表現ができるような大人になるために本当に必要な力と、自らの意思で学ぶ力を、楽しみながら育んでいきます。

詳しくは第5章で紹介しますが、「コミュニケーション講座」では自分の考えが受け入れられる環境の中で発表の経験を重ね、伝える力、相手の意見を聞く力を育て、「子どもライブラリー」では本を通じて想像力と創造性を磨き、「子どもせかいフォーラム」では世界への視野を広げていきます。

これら三つのプログラムに一貫しているのは、子どもの主体性を第一に考えるという姿勢です。大人が一方的に教え込むのではなく、子どもたち自身が「やってみたい！」と思えるような環境を作り、その中で自然と「12の知恵」が身についていくようデザインされています。

加えて、これらのプログラムを支えているのが「キッズコーチ」と呼ばれる、ＫＢＣ独自の研修でコーチングや保育・教育のスキルを磨いたスタッフたち。認定キッズコーチ・放課後児童支援員・保育士・幼稚園教諭、小中高等学校教諭などの資格保有者に加え、さまざまなビジネス経験を持つスタッフが、子どもたち一人ひとりの個性に合わせたサポートを行っています。

自分を知り、社会とつながる。この二つの軸がバランスよく育まれることで、子どもたちは自分らしい人生を切り開いていく力を身につけていきます。私たちの「12の知恵」は、そんな子どもたちの未来への道しるべとなるものなのです。

発達の土台となる自己肯定感

子どもたちの成長に決まった速度はなく、一人ひとりペースは異なります。それでも、自分軸と社会軸の発達には大まかな段階があり、その流れを知っておくことは子育ての大きな助けになります。

まず、すべての発達の基礎となるのが、「アタッチメント（愛着）」です。赤ちゃんを抱きしめ、優しい言葉をかけ、愛情を注ぐ。これは単なるスキンシップではなく、子どもの心の発達にとって決定的に重要な体験なのです。

子どもは安全基地としての親を頼りに、少しずつ世界を広げていきます。よちよち歩きで転んでも、戻ってきて抱っこしてもらえる。その安心感があるからこそ、また新しい挑戦ができる。この信頼関係が、自己肯定感を育んでいくのです。

未就学児は、自己肯定感を土台に「自分軸」を徐々に育てていきます。自分で着替えてみたい、ボタンを留めてみたい。そんな意欲が芽生え、自己主張もできるようになっていく。同時に、保育園や幼稚園などの環境の中で子ども同士がつながり、「社会軸」も育っていきます。

最初は一人遊びや平行遊び（同じ場所で同じような遊びをしながらも、子ども同士の関わりがほとんどない遊び）が中心ですが、次第に友達への興味が生まれ、ときにはおもちゃの取り合いでケンカになることも。でも、そうした経験の中で思いやりの気持ちや共感性が芽生えていくのです。

小学生になると、新たな課題が現れます。学校では、みんなと同じことができることを求められます。未就学児の頃は「できた！」と褒められていた子も、ランドセルの中身がぐちゃぐちゃだと注意される。できないことを指摘される機会が増えていきます。

学年が上がるにつれ、九九や漢字など、勉強も徐々に難しくなっていきます。体育の時間、鉄棒や跳び箱ができないと、恥ずかしい思いをする。そうした経験の積み重ねが、時として子どもたちの自己肯定感を揺るがせてしまいます。

この時期に大切なのは、一つでも自信の持てることを見つけること。それは運動でも、勉強でも、趣味でも構いません。得意なことがあると、それが自信となって苦手なことにも挑戦できる気持ちが生まれてくるのです。

私たち大人は、子どもの発達を学校の成績や受験の合否という、単一の物差しで測りがちです。でも、子どもの成長はもっと多面的なもの。受験に必要な知識や技術は、必ずしも社会で必要とされる力とイコールではありません。

実際、社会に出てみると、学歴という物差しだけでは測れない人の価値に気づかされます。むしろ、自分なりの物差しを持ち、自分のペースで成長していける子に育ってほしい。それが私たちの願いです。

子どもの発達の土台となる自己肯定感をしっかりと育むこと。その上で、自分で考え行動する力（自分軸）と、他者と関わる力（社会軸）をバランスよく伸ばしていけるよう見守っていきましょう。焦らず、急がず、子どもの成長に寄り添う。そんな姿勢が、子どもの人間力を育んでいくのです。

第4章　人間力の育ち方／育み方

保護者は手を出しすぎないほうがいい

人間力は、子どもが自ら身につけていくものです。

保護者から手厚い働きかけをする必要はなく、むしろ、あまり手を出しすぎないほうがいい。私はそう考えています。

なぜなら、人間力は算数や英語の授業のように教えられて身につくものではないからです。子どもたち自身が日々の経験を通じて、自分で気づき、学び、成長していくもの。大人にできるのは、その成長のきっかけを用意することくらいです。

では、具体的にどんなきっかけを作ればいいのでしょうか。

例えば、乳幼児期には絵本の読み聞かせがとても効果的です。「わーいわーい！　って喜んでいるね」「ひとりぼっちでさみしいんだって……」などと、お話の中に登場するキャラクターの心情を大人が代弁してあげることで、言語発達を促すこともできます。さらには、「このとき、この主人公はどんな気持ちだったと思う？」「うれしいのかな？　かなしいのかな？」「大丈夫かな？　助けてあげられるかな？」なんて想像し合いながら、読み進めることで自然と想像力や思いやりの気持ちが育つきっかけを用意することができます。

ここで大切なのは保護者の価値観を押しつけすぎないこと。「この場面、お父さんはこう思ったけど、どう感じた？」と聞くのもいいですが、「この後どうなったのかな？　○○くんはどう思う？」「そうか。そう思ったんだ。すごいね」と、読み聞かせの主体者をお子さんにしていくよう心がけてみてください。

忙しいなか大変ですが、眠る前の数十分に１〜２冊の絵本を読みながら語り合う時間は、保護者側の人間力も磨いてくれるはずです。

お子さんが小学生になったら、日常のやりとりの中に問いかけを盛り込んでいくのもいいきっかけ作りになります。

例えば、電車やバスで塾や習い事に行くようになったお子さんに、「もし、駅でＩＣカードを忘れちゃったのに気づいたら、どうする？」と聞いてみる。テレビやタブレットに夢中になっていて、なかなか寝る前の歯磨きをしてくれないお子さんを怒ったり、叱ったりするのではなく、「歯磨きは何時からにする？」と質問してみる。

問われると人は「どうしようかな？」と考え始めます。この自分で考え、対策を見つけていく時間が主体性や判断力、自立心などを育んでくれるのです。

ここでも大切なのは、すぐに答えを教えないこと。「こういうときはこうするのよ」と言ってしまうのは簡単ですが、それでは問いかけをした意味が半減してしまいます。じれったくも感じると思いますが、大人は「この子なりの答えを出すはずだ」と信じて待つことです。

たとえ最初は「えー？」と戸惑っていても、考えていくうちに、子どもなりの考えが出てきます。それが突飛だったり、実現不可能だったりしたら、「それってどういうこと？」と掘り下げていきましょう。必要なのは正解ではなく、考える時間。

子どもを一人の人格者として捉え、子どもには子どもなりの思いがあり、考え方があり、やりたいことがある。それを尊重する姿勢を持ち続けることで、初めて本当の対話が生まれます。その上で、「自分で発見した」「自分で答えにたどり着いた」という経験を積むことが、子どもの大きな自信になるのです。

それは人間力の土台となる自己肯定感を高めてくれます。

とはいえ、こうしたきっかけ作りは簡単なことではありません。親の気分や余裕の有無によって、対応が変わってしまうこともあるでしょう。でも、「この子の意思を尊重しよう」という基本姿勢さえあれば、きっと子どもは安心して自分で考え、行動していく力を身につけていってくれるはずです。

子どもは大人の日常の振る舞いから学ぶ

子どもたちの人間力の成長について考えるとき、どうしても私たち保護者はお子さんと自

郵 便 は が き

料金受取人払郵便

小石川局承認

1163

差出有効期間
2026年 9 月14
日まで

112-8731

東京都文京区音羽二丁目
十二番二十一号

講談社 第一事業本部

講談社+α新書係 行

★この本についてお気づきの点、ご感想などをお教え下さい。
(このハガキに記述していただく内容には、住所、氏名、年齢などの個人情報が含まれています。個人情報保護の観点から、ハガキは通常当出版部内のみで読ませていただきますが、この本の著者に回送することを許諾される場合は下記「許諾する」の欄を丸で囲んで下さい。

このハガキを著者に回送することを　許諾する　・　許諾しない)

TY 000050-2406

愛読者カード

今後の出版企画の参考にいたしたく存じます。ご記入のうえご投函ください（2026年9月14日までは切手不要です）。

お買い上げいただいた書籍の題名

a　ご住所　〒□□□-□□□□

b　お名前《ふりがな》

c　年齢（　　　）歳

d　性別　1 男性 2 女性

e　ご職業(複数可)　1 学生　2 教職員　3 公務員　4 会社員(事務系)　5 会社員(技術系)　6 エンジニア　7 会社役員　8 団体職員　9 団体役員　10 会社オーナー　11 研究職　12 フリーランス　13 サービス業　14 商工業　15 自営業　16 林漁業　17 主婦　18 家事手伝い　19 ボランティア　20 無職　21 その他（　　　　　）

f　いつもご覧になるテレビ番組、ウェブサイト、SNS をお教えください。いくつでも。

g　お気に入りの新書レーベルをお教えください。いくつでも。

分とのコミュニケーションが重要であると捉えがちです。もちろん、直接のやりとりは子どもたちに大きな栄養を与えています。でも、私はそれ以外の要素も大きいと考えています。というのも、子どもたちは私たちが意識している以上に、周囲の大人の何気ない行動を観察し、それを普通のこととして吸収しているからです。

例えば、買い物に行ったとき。

お父さん、お母さんが見せる店員さんへの態度ひとつとっても、子どもたちはしっかり見ています。レジの列に並びながら大量に買い物をしている人の後ろになったことにイライラした態度を見せたり、店員さんの挨拶を無視したりする親の姿を見れば、子どもはそれを当たり前だと思ってしまいます。

逆に保護者が常に「ありがとうございます」と気持ちのいい感謝の言葉を送るよう心がけ、どのお店でも店員さんと親しく会話する姿を見せれば、それが子どもにとっての常識になっていくのです。

宅配便のドライバーさんが来たとき、「暑い中ご苦労様です」「重たい荷物をありがとうございます」と、そんなねぎらいの言葉を自然に口にする親のもとで育つ子どもは、特に教え込まなくてもそういった気遣いができる人に育っていきます。

また、家族でごはんを食べながら、ニュースで見た出来事や、それに関連する募金や寄付の話をするのもいいでしょう。

「この前の災害のニュースを見て、少しだけど募金してきたんだ」

「ボランティア活動に行くことはできないけど、自分のできることをしたいよね」

金額の多寡は関係ありません。親が社会の出来事に関心を持ち、行動している姿を伝えることで、子どもなりに世の中の出来事に関心を持ち、思いやる心が育まれていきます。

実は人間力を育むきっかけづくりで最も重要なのは、私たち大人の日常的な振る舞いにあるのです。ただし、ここで注意したいのは、私たち大人が完璧を目指す必要はないということ。完璧を装おうと無理をすると、子どもへの価値観の押しつけになってしまいかねません。

大切なのは、子どもと一緒に成長していこうという姿勢です。子どもに「こうあるべき」と教え込むのではなく、日々の生活の中で、少しでもよい姿を見せること。それが子どもの人間力を育むための、最も自然なきっかけとなるのです。

「子どもの前では、もう少しかっこいい大人でいよう」と意識するだけで、確実に子どもたちの成長を支えることができるはずです。

人間力を伸ばす子ども同士のやりとり

学童保育には、子どもたちの社会があります。異学年で過ごす放課後時間は、コミュニケーションの機会に溢《あふ》れています。

例えば、一人っ子で育ってきた子が、異年齢の集団のコミュニティで1歳上の子とケンカになったり、保育園までは自分のペース中心でやってきた子が他の学校の友達と遊びの順番でトラブルになったり……。そんなとき、間に入ってくれる上級生がいるのも学童の良さです。

泣いたり、葛藤したり、その日は無視し合ったり、翌日には仲直りしたり、急に「親友だよな」と言い出したり、そうかと思ったら遊具の取り合いでまたケンカしたり、大人が介入しなくても子どもたちが遊びのコミュニティをつくっていく。そこでの一つひとつのやりとりが、社会につながる人間力を成長させる機会になるのです。

KBCでは、こうした自然に起きるコミュニケーションの機会に加え、毎日の終わりに日常のプログラムとして「キッズミーティング」という時間を設けています。そこでは子どもたちが日替わりでMC（司会進行役）を務め、一日の出来事を共有していきます。

順番でMCを交代していく施設もあれば、立候補した人が日替わりでMCをしていく施設も、2～3人で司会進行していく施設もあります。ミーティングのやり方も、話し合う内容も決めるのは子どもたち。子どもたちの主体性を大切にしています。

私はよく予告せずにふらりと施設へ遊び（視察）に行くのですが、先日はある施設で「MVPを贈ろう」というキッズミーティングをやっていました。子どもたちに聞くと、その日に誰かにしてもらってうれしかったことを発表する時間とのこと。

「○○くんが、開けにくくて大変だったおやつのプリンの蓋を開けてくれました」

「ドッヂビーで失敗しちゃったとき、△△さんが『ドンマイ』って声をかけてくれてうれしかった」

友達からうれしさを伝えられた子どもは「えへへ」と照れたり、喜んだり。その様子を見て他の子もニコニコしています。些細な日常のやりとりかもしれませんが、小さな親切や思いやりに気づき、それを言葉にして伝え合うのは大切なこと。キッズミーティングは子どもたちの中に、共感や思いやりの気持ちを育んでいくのです。

春に入学したばかりの1年生が「やってみたい！」とMCに立候補することもあります。周りはまだうまく話せないかもしれないとヒヤヒヤしますが、本人のやりたい気持ちを大切に、キッズコーチや上級生が横についてサポートしつつ、MCをこなしていく。ミーティングが終わったときの「やったぞ」という表情から、その経験が本人の自信につながっていったのが伝わってきます。

また、一人では緊張してしまう子も、友達と一緒にMCをやってみんなの前に立つ経験を重ねていく。子どもたちは自分たちのコミュニティの中で過ごしながら、人前で話す力、場を進行していく力を自然と身につけていくのです。

ときには、言葉遣いやルールの問題など、ちょっとした困りごとが話題になることもあります。小学生になると、友達同士の会話で「バカ」「死ね」といった言葉を口にしてしまうことも。キッズミーティングでは、そうした言葉を注意するのではなく、「どうしたらいいかな？」と問いを投げ、一緒に考えることを重視しています。

正解を出すことが目的ではありません。さまざまな意見を出し合い、相手の立場に立って考えてみる。その対話の過程こそが貴重なのです。

「自分の意見を表明していい」という安心感が、子どもたちの発信力を育てていきます。すると面白いことに、ポジティブな雰囲気が施設全体に広がっていく。低学年で経験した子が高学年になると、今度は自分が下級生に伝える側に。子どもたち自身で、ポジティブなコミュニティを育んでいってくれるのです。

人間力は、人とのやりとりの中で、ときには失敗しながら、少しずつ身についていくもの。だからこそ私たちは、子どもたち同士が安心して関わり合える場を大切にしているのです。

キッズコーチが子どもたちを導く

学童保育には大人の保育者（支援員）がいます。子どもが自分たちでコミュニティを作り、人間力を育んでいく過程を見守り、サポートしていく存在です。

私たちKBCでは、支援員ではなく「キッズコーチ」と呼んでいます。

子どもたちにとって先生でも親でもない、でも信頼できる身近な大人。KBCのキッズコーチは、一般的な学童保育の支援員とは一線を画す、独自の存在です。

その特徴は、人材育成の世界で広く活用されている「コーチング」の知識をベースにした手法を身につけていること。キッズコーチは単なる指示や教示（ティーチング）ではなく、子どもたち一人ひとりの考えや想いを尊重し、本人が自分で考え、言葉にし、行動していけるよう導いていくノウハウを持っています。

すぐに答えを教えるのではなく、「どうしたらいいと思う？」と問いかける。

叱るのではなく、「他にどんなやり方があるかな？」と一緒に考える。

「〜しなさい」という命令ではなく、子ども自身の「やってみたい」という気持ちを引き出していく。

一見、時間のかかる方法に思えるかもしれません。でも、このプロセスを踏んでいくこと

ティーチングとコーチング

で、子どもたちは自ら考え、決める力を身につけていきます。それができるのは、キッズコーチが子どもたちを「小さな大人」として捉えているから。体は小さくても、一人の人格を持った存在として、真摯に向き合っていくのです。

その姿勢は子どもたちの居場所づくりに大きな役割を果たしています。自分の話をしっかり聞いてくれるからこそ、子どもたちは学校や家庭では話せないことも、キッズコーチになら打ち明けられる。そんな関係性が生まれることもあります。

この信頼関係は卒業後も続き、中学生、高校生になっても施設に顔を見せてくれたり、大学生になって非常勤キッズコーチとしてアルバイトを希望してくれたり。そんなエピソードが増えているのは、キッズコーチと子どもたちの間に育まれた強い絆の証《あか》しでしょう。

また、保護者の方々にとっても、キッズコーチは心強い存在です。

日々のお迎え時の何気ない会話や、定期的な面談を通じて、子育ての悩みを相談できる。子どもたちの小さな変化も共有し、共感してもらえる。そんな安心感のある場所を提供しています。

そして、キッズコーチの子どもへの関わり方から、「普段、つい叱りすぎてしまうけれど、もっと違う声かけがあったんだと気づいた」、「怒らずに子どもと向き合うコツが学べた」と、家庭での子育てのヒントを受け取っていると話す保護者の方も少なくありません。

答えを押しつけるのではなく、一緒に考え、試行錯誤しながら成長したい。そんな姿勢で接してくれる身近な大人の存在が、子どもたちの育ちを支えていくのです。

子どもとの関わり方――「量」と「質」

キッズコーチたちは、子どもたちとの信頼関係づくりを最も重視しています。そして、その信頼の土台となるのが、一人ひとりの子どもとの向き合い方です。

例えば、子どもと目の高さを合わせて話を聞く。表情豊かに反応する。わかりやすい言葉を選ぶ。身振り手振りを交えて気持ちを伝える……。

こう書き出すと一見、当たり前のようなことかもしれません。でも、保護者としての自分を振り返ったとき、意外とできていないことに気づくのではないでしょうか。私も息子が話しかけてきているのに、パソコンで作業したまま聞いてしまい、「もういいや」とそっぽを向かれてしまったことが何度かあります。

保育のプロであるキッズコーチと、親の自分を比べても仕方がないかもしれませんが、しっかり向き合うという小さな心がけの積み重ねが、子どもとの信頼関係を築く土台となるのは間違いありません。

また、キッズコーチたちは「量」と「質」の両面から子どもとの関わりを大切にしています。

「量」とは、シンプルに一緒に過ごす時間のことです。毎日の放課後時間にたくさん遊び、たくさん会話をし、挨拶も欠かさない。そうやって時間を共有していくことで、子どもたちとの距離は自然と縮まっていきます。

一方の「質」とは、一人ひとりとの関わり方の中身です。ここでキッズコーチたちが特に意識していることが二つあります。一つは「ポジティブな視点」で見ることです。

施設の全員に向けてコーチが話しているのに、大きな声で反応したり、落ち着かず、周りの友達に話しかけてしまう子がいても、「うるさい子」ではなく「ムードメーカー」「元気な子」と捉える。

「マジ、ムカつく！」「うるさい」など、注意を受けると強く反発する子の気になる言葉遣いも乱暴な言葉ではなく、自分の気持ちを表現できていると捉える。

見方を変えると、子どもとの接し方が変わります。大人だって、うるさい子と関わるのは嫌なものです。でも、元気な子と関わると考えると心に余裕が生まれ、相手の行動の背景について想像し、本人の思いを聞き出すこともできるようになります。

また、「マジ、ムカつく！」「うるさい」自体はよくない言葉として注意しつつ、「でも、自分の気持ちを出すことができるのはいいよね」と承認していく。そのうえで「自己主張できるのは大事なことだけど、今の言い方だと相手に伝わるかな？」と問いかけていくわけです。これもポジティブな視点で見るからこそ、できる関わり方です。

もう一つは、子どもたちの「できているとき」への注目です。

ついつい私たち大人は、子どものダメなところや、うまくいっていないところに目が行きがちになります。でも、どんな子どもにも必ず「できているとき」「うまくいっているとき」があるはず。

静かに集中して遊んでいる瞬間、自分から宿題に取り組もうとする場面、友達と仲良く遊べている時間……そんな「できているとき」をしっかりと見つけ、「さっき、集中して取り組めていたね」「自分から宿題に取り組み始められたこと、素晴らしいと思ったよ」「友達を楽しませることができて、すごいね」などと認め、その場で伝えていく。

すると不思議なことに、子どもたちの「できていること」が少しずつ増えていくのです。

「ダメなことを減らそう」ではなく、「できることを認める」という視点の転換の素晴らしいところは、大人自身も前向きになれること。子どものいいところを探そうとする意識が、関わり方をより温かいものに変えていってくれます。

次項以降では、この考え方に基づいた具体的な声かけの方法や、叱り方、習慣づけの工夫などを紹介していきます。あなたも改めて「子どものいいところを見つけよう」と意識してみませんか。

コーチングの三つの基本スキル――傾聴・承認・質問

あなたも自分のお子さんと、こんなやりとりをしたことがありませんか？

「今日ね、学校でね……」と子どもが話しかけてきたとき、社内チャットで急ぎの返信をするため、スマホから目を離さず「うん、うん」と応えてしまった。

料理の最中だったのでフライパンに目を向けたまま、「今さ、忙しいから後にしてくれる」と話を切り上げてしまった。

大人サイドからすると悪気のない対応です。でも、こうした何気ない日常の積み重ねが、実は子どもとの信頼関係に大きく影響しているのです。

キッズコーチが大切にしているコーチングの基本スキルは、「傾聴・承認・質問」の三つに集約されます。なかでも、子どもと信頼関係を築く入り口となるのが「傾聴」です。

傾聴とは、単に話を「聞く」のではなく、しっかりと「聴く」こと。目線を合わせ、相手の言葉に耳を傾け、その思いを受け止める。心理カウンセラーや看護師、キャリアカウンセラーなど、人と接する業務のプロたちは傾聴に関する教育を受け、日々の仕事にその技術を活かしています。

キッズコーチも同様で、子どもから話しかけられたら聴くモードに入ります。なぜなら大人にとっては些細な出来事でも、子どもにとっては大切な話かもしれないからです。話を十分に聴いてもらえた、受け止めてもらえたという感覚は、子どもでも大人でも相手への好感と信頼に変わっていきます。

次の「承認」は、相手の存在や行動の本質を理解して認めること。例えば、テストで100点を取ったときだけでなく、仮に点数がいまいちでも机に向かって頑張ろうとしていた姿勢、新しい勉強にチャレンジした勇気を認めていく。もちろん、いい結果が出たときは「結果そのもの」に加えて、結果にいたる過程にも目を向け、褒めていく。そうした細やかな承認の積み重ねが、物事に取り組む子どものモチベーションや自信につながっていきます。

最後の「質問」は答えを教えずに、子ども自身の気づきを促すためのもの。たとえ教えたほうが早くても、あえて「どうしたらいいと思う？」と問いかけていきます。大事なことなので何度も書きますが、子どもたちが自分で考え、答えを見つけ出していく経験は、主体性、思考力、判断力など本人の人間力を育んでくれるからです。

コーチングの三原則――個別性・双方向性・継続性

「傾聴・承認・質問」の三つの基本スキルを使ううえで、重要な原則が三つあります。

一つ目は「個別性（十人十色）」を忘れないこと。子どもは一人ひとりみんな違います。同じアプローチが、すべての子に通用するわけではありません。兄弟姉妹でも性格や好みは変わります。その子に合った関わり方を、試行錯誤しながら見つけていく必要があるのです。

ここで大切なのは、ポジティブな関わりを意識的に増やすこと。叱ったり注意したりする場面は2〜3割程度に抑え、残りの7〜8割は褒めたり認めたりする時間に。この比率を意識するだけでも、子どもとの関係は良い方向に変わってくるはずです。

二つ目は「双方向性」です。一方的に教え込むのではなく、子どもとの対話を繰り返すこと。例えば、何か悪いことをしたときも、頭ごなしに叱るのではなく、「なぜそうしたの？」と理由を聞く姿勢を保つこと。問いかけ、考えることで子どもは何が悪かったかについて深掘りできるようになります。

三つ目が「継続性」。ときに感情的に怒ってしまったり、子どもからウソをつかれてしまってショックを受けたり……、キッズコーチにも子どもたちとの関係性を維持し続ける気力が萎えてしまい、「もういいや……」と落ち込む瞬間があります。でも、翌日もその翌日も来週も来月も、1年後も子どもたちとの放課後時間は続きます。落ち込んだときは視座を高くして、長期的に関係性を捉えましょう。

親子関係のよい点は、仕事が忙しくて子どもとの関係がうまくいかない場面があっても、夫婦間のイライラを子どもに感情的にぶつけてしまうようなことがあっても、それを修復するチャンスがいくらでもあるところです。

いつも泰然自若《たいぜんじじゃく》としている完璧な親などいません。小学校高学年になり、反抗期に入ってくると子どももひどい言葉をぶつけてきます。親も失敗するけど、子もしくじる。それでも親子だから子育てしながら、親初心者から経験者へと成長していける。失敗と修復を繰り返しながら、親も子も一緒に成長していくことができるのです。

個別性、双方向性、継続性。この三つを意識して、「傾聴・承認・質問」を心がけていくと、日々のコミュニケーションの中で子どもの自己肯定感、自尊感情が育まれます。

ありのままの自分らしい個性をポジティブに受け止める自己肯定感と、自分を価値ある存在だと感じられる自尊感情は、人間力の土台となる大切な感覚です。この二つを育む意味でも、「子どもの話をしっかり聴いてみよう」という意識を持って接していきましょう。

子どもがやる気を出す「声のかけ方」

「子どもの話をしっかり聴いてみよう」とアドバイスされて、「そんな必要はない」と反発される保護者の方はまずいないと思います。ただ、「そうですよね」と納得する一方で、日常の慌ただしさから「いつもいつもしっかり聴いていられない」というもどかしさを抱えている方は少なくありません。

実際に保護者の方から、ついついこんな声かけをして、子どもから「うるさいな」という顔をされ、親子げんかに発展してしまうという話もよく聞きます。

「宿題やりなさい」
「早く片付けなさい」
「もう寝る時間でしょう」

平日の夜、明日の学校の準備は終わったのかな？　と、そんなふうに子どものことを思って私たち大人は先回りして行動を促してしまいがちです。でも、こう言われた後、子どもの心の中ではきっとこんな思いが巡っていることでしょう。

「今、やろうと思っていたのに……」
「もう少しで終わるところだったのに……」
「時間くらい自分でわかってるのに……」

もうちょっと待っていたら、子どもが自ら動いていたかもしれないのに、大人の先回りした声かけでやる気を奪ってしまっている……。とはいえ、宿題はしてほしいし、片付けは終わらせてほしいし、早く寝てもらいたい。どんな声かけをすれば、子どもの話を聴きながら、本人たちの主体性を損なわず、やる気を出してもらえるのでしょうか。

ＫＢＣでは、「この後どうする?」と問いかけを大事にしています。宿題、歯磨き、片付けなど……。こうした日常の行動について、子ども自身に考えさせてみるのです。

実はこれ、親子関係に限らず、職場の上司部下、先輩後輩のコミュニケーションにも応用できる内容です。

子どもたちも一日の流れはわかっています。やらなきゃいけない宿題はあるし、明日の学校の準備をするべきだし、寝る前に部屋を片付けたほうがいいし、歯も磨かなくちゃいけない。でも、今見ているテレビの続きが気になるし、先にゲームで遊びたいし、やるべきことをやる、やる気はあるけど、まだ今じゃない。そんな子どもたちのやる気スイッチを入れるには、やっぱり自分で決めてもらうのが一番です。

そこで、親側も「今すぐやって！」というせっぱ詰まった気持ちになる前の時間帯に「今日はこの後、どうする予定？」と質問しましょう。すると、子どもは自分なりにその後の流れを組み立ててくれます。

「この番組を最後まで見たら、歯磨きする！」
「宿題やってから、ゲームで遊ぶ！」

人は自分で決めたことを口に出すと、モチベーションが高まります。これは心理学の研究で「宣言効果」と呼ばれているもの。自分で決めた約束を宣言することで、それを守ろうとする意欲が生まれるのです。

ここで大切なのが、その決定を認め、信頼する姿勢です。

「そっか。そうだね、じゃあその順番でよろしくね」

「先に宿題を終わらせてから遊ぶのはいい考えだね」


そして実際に行動できたら、しっかりとフィードバックします。


「約束通りにできたね」

「自分で決めて、実行できたんだね。すごいね」


この「考えさせる→決めさせる→信頼する→認める」というサイクルを繰り返していくことで、子どもは少しずつ自律的に行動できるようになっていきます。時には、その子にはまだ早いかもしれないと思うことでも、チャレンジさせてみることも大切です。

「やってみる？」という投げかけに「うん！」と答えたら、思い切って任せてみましょう。たとえ結果的にできなかったとしても、それは貴重な経験となります。むしろ、そうした「背伸び」の機会があるからこそ、子どもは成長していけるのです。

もちろん、毎回うまくいくわけではありません。心がけたいのは子どもへの信頼を示し続けること。その姿勢があれば、少しずつ関わり方も、子どもの反応も変わってくるはずです。

やる気を引き出すには「～しなさい」という命令形をやめて、その代わりに「どうする？」と問いかけをして、子どもの答えを待ってみましょう。

子どもが成長する「叱り方」

「叱る」という行為について、私たちはある逆説的な考え方を持っています。

それは、「最も理想的なのは、叱らなくて済む環境を作ること」という考えです。

その具体的な方法の一つが「セーフティトーク」です。これは問題が起きそうな場面の前に、子どもたち自身に考えてもらう声かけのこと。

例えば、学童の子どもたちみんなで公共のバスを使って出かける前に、こんな質問をします。

「バスの中で、どんなことをしたら危ないと思う？」

「周りの人に迷惑をかけることって、どんなことかな？」

すると子どもたちは、実に的確な答えを返してくれます。

「走り回ったら危ない！」
「大声を出したら迷惑！」
「バスが止まるまで立ち上がらない！」

どれも合っていますから「そうだね」「よくわかったね」と承認する。すると、子どもたちが自分たちで出し合った答えを守ってくれます。もちろん、ちょっと元気が出すぎてしまう子も現れますが、そのときは友達同士で注意し合って場を収めてもくれるのです。

結果的に大人が叱らなくてはいけない場面は激減します。ここでも大切なのは、子どもたち自身に考えさせ、答えを出してもらうこと。自分で言った約束だからこそ、守ろうとする意識が生まれるのです。

家庭で新しいおもちゃを買ったときには、こんなセーフティトークを投げかけてみましょう。

「これはどこで遊んだらいいかな？」
「気をつけることはある？」

ルールを一方的に押しつけるのではなく、子ども自身に考えてもらう。すると不思議なことに、危ない遊び方は減っていくのです。

そして、いつもなら注意しなきゃいけないような行動を自ら我慢できたときは、すかさず褒めましょう。

「今、よく我慢できたね」
「約束を守れて、すごいね」

叱らないための環境作り。子どもたちにも損得勘定はあるもの。「こっちのほうが楽しく遊べる」という実感があれば、自然と良い行動を選ぶようになっていきます。

もちろん、危ないことをしたとき、しそうになったときなど、叱ることは必要です。でも、その前にできることもたくさんあります。「こうしちゃダメ」という否定的な声かけを減らし、「どうしたらいいと思う？」という問いかけを増やしてみませんか？

親が思わず感情的になってしまうときの対処法

保護者の皆さんにセーフティトークの効用をお伝えすると納得してくださる一方で、「わかっているけど、どうしてもカッとなって感情的に叱ってしまうんですよ……」という本音を漏らしてくれる方もいます。

私も自分の息子たちが小中学生の頃を振り返ると、その気持ちはよくわかります。ＫＢＣのキッズコーチたちもよく「コーチとしては冷静に対処できるけど、家では……」と同僚同士で慰め合っています。

わかっているけど、感情的に叱ってしまう。本当は冷静に対応したい。やさしく諭したい。そう思っていても、目の前で危ないことをしたり、約束を破ったり、言うことを聞かなかったり。つい声を荒らげてしまう場面はあるもの。子育て中の親なら、誰もが経験するジレンマです。

親子関係は距離感が近く、思い入れが強いからこそ、感情的になりやすい。でも、キレるように叱りたくない。そんなとき、私たちはどうすればいいのでしょうか。

まず覚えておきたいのが「６秒ルール」です。脳科学の研究によれば、怒りの感情を引き起こす物質は、６秒で脳内から消えていくとされています。ですから、アンガーマネジメントの研修などでは、イライラしたとき、カッとなりそうになったとき、その感情のまま反応するのではなく、まずは6秒待ってみましょうと指導されます。

　実際、イラッとしたら深呼吸をする、ムカッときたら6秒数える。そんなふうに自分なりの「クールダウンの呪文」を唱えると、その間に少し冷静さを取り戻すことができます。

　そうやって怒りの感情の初期衝動を抑えたら、「子どもは別の人格を持った存在である」という事実を思い出してください。

　子どもは、生まれた瞬間から私たちとは別の人格を持っている。だから当然、親の考えとは違う思いも持っている。すべてが思い通りにいかないのが当たり前。この割り切りができるようになると、心が楽になります。子どもには子どもの考えがある。それを尊重しながら、一緒に成長していけばいい。

　そして、これも覚えておきたい大切なことです。先ほどの継続性のところでも触れましたが、たとえ感情的になってしまっても、親子関係には何度でも「やり直せる」強みがあるということ。

　一時の感情で声を荒らげてしまっても、関係を修復することができます。大切なのは、その後でたくさん褒めてあげたり、一緒に楽しい思い出を作ったりすること。どんなに気をつけていても、完璧な親子関係などありません。でも、お互いを理解しようとする気持ちがあれば、きっと関係は深まっていくはずです。

子どもが自ら動く行動習慣の作り方

子どもが小学校4年生くらいになると、親としては「自分の予定は自分で立てて守ってくれるようになったらいいな」と思うもの。しかし、計画性があるかどうか、立てた計画を実行できるかどうかは、年齢性別に関係なく個人差があります。

それでも親は「保育園で一緒だった〇〇くんや△△さんは、自分で段取りよく日々を過ごしていると聞くけど、うちの子は……」と比較してしまいがち。でも、学童保育でたくさんの子どもたちと接してきた中で自信を持って言えることですが、大人側が施すちょっとした仕掛けと少しの期間見守る根気があれば、どの子も自ら動く行動習慣を身につけていくことができます。

例えば、小道具として100円ショップに売っているようなホワイトボードを用意します。そこに休日の過ごし方の一日のスケジュールを自分で書いてもらいましょう。起きる時間、宿題の時間、遊ぶ時間、就寝時間など……。

「休みの日は、朝は何時に起きる？」

「宿題はどのタイミングにやる？」

「ゲームは、何時までやっていいことにする？」

そのとき、こんなふうに問いかけて手助けするのはいいですが、大人の考えを押しつけるのはやめましょう。子ども自身に計画を立ててもらいます。なぜなら子どもの行動習慣を形成する上で、最も大切なのは自分で決める経験だからです。

最初は計画倒れになることもあります。でも、そこで「ほら、自分で決めた計画でしょ！」と叱ったり、注意したりしたくなる気持ちはぐっと堪《こら》えてください。ここで大事なのは、根気と「スモールステップ」の考え方です。

スモールステップとは、小さな一歩。どんな習慣も小さな一歩を踏み出し、継続するうちに身についていくもの。

例えば、今まで休みの日は一日３時間ゲームをしていた子が「次の週末からは10分にする！」と宣言したとしても、それは現実的ではありません。無理な目標を立てると、早々に挫折してしまい、そこで親から叱られると「やっぱりできない」という思い込みを強めてしまいます。

大切なのは、確実に達成できる小さな一歩から始めること。

「いきなり10分は難しかったね。休みのたびに15分ずつ短くしてみたら？」や「どのくらいなら続けられそう？」とサポートしながら、スモールステップで少しずつハードルを上げていきましょう。これは大人の習慣形成でも重要な原則ですが、子どもの場合はより慎重に進めていく必要があります。

また、行動習慣の定着にも「認める」という関わりが欠かせません。

「予定より10分遅れたけど、自分で起きられたね」

「今日は声をかけなくても宿題始められたね」

できなかったことを指摘するのではなく、わずかでもできたことを認める。その積み重ねが、子どもの行動を強化していくのです。

逆に「言った通りに起きられなかったじゃない」という否定的な声かけは、子どもの意欲を削《そ》いでしまいます。そのときは達成できなくても、チャレンジしようとした気持ちを認める。そうすることで、「次は頑張ってみよう」という意欲が生まれていくのです。

また「どうして難しかったのかな?」と理由を聞く。さらには「じゃあ、成功させるためには、どうするとよさそう?」と問いかけ、考えさせることで、そこから新しい工夫が生まれることもあります。

行動習慣の形成で最も避けたいのは、親が管理するという構図なので、「考えに寄り添い、見守る」姿勢を大切に。習慣づけは一朝一夕にはいきません。それでも、子どもたちは自分で決め、実行し、認められる経験を積み重ねることで、少しずつ自律的な習慣を身につけていくのです。

この章でお伝えしてきたコーチング技術や子どもへの声のかけ方などをより実践的に学びたい方は、一般社団法人キッズコーチ協会の「キッズコーチ検定」がおすすめです。オンラインでも受講でき、子育て層・学童保育や教育関係で働く人など、高校生からシニアまで幅広い人たちが学んでいます。

第5章　人間力を育てるための実践例

成長のきっかけを作る

ここ数年、教育関係の仕事をしている人は一度くらいこの質問を受けているのではないかと思います。

「子どもたちを大谷翔平選手のような大人に育てるにはどうしたらいいんでしょう？」

私も例外ではなく、保護者の方、取材に来たメディアの方、同じ教育関係の仕事をしている方からも、よく聞かれています。

なぜ、大人たちが子どもを大谷翔平選手のような大人に育てたいと願うのか。もちろん、アスリートとしての圧倒的な実力と成功のイメージは念頭にあるのでしょう。でも、それ以上に大きいのは、メジャーリーガーとして歴史に残る記録をいくつも打ち立てながらも伝わってくる人間性に惹かれているからだと思います。

グラウンドに落ちているゴミに気づいたら率先して拾う姿勢、チームメイトを思いやる気持ち、打席に入るときに対戦チームの監督に挨拶をする誠実さ、ファンへの温かな対応……、まさに人間力の高さを感じます。

繰り返しになりますが、そうした人間力は幼い頃からの経験や学びの中で育まれていきます。大谷選手の場合はお父さんが監督を務める野球チームで小学校2年生から練習、試合を重ね、大人になった今にもつながる経験を積んでいき、小学生時代の数年間、父子の間で野球ノートを交換日記のようにやりとりしていたそうです。

親として子育てを真剣に考え、家族で神奈川県から岩手県に引っ越し、思い切り野球のできる環境を作り、競技に取り組むときの姿勢を考えていくための場（ノート）を用意する。同じ取り組みをした全員が大谷翔平選手になれるわけではありませんが、経験を積める環境があることで子どもたちの非認知能力は伸びていき、人間力も高まっていきます。

私たち大人にできることは、子どもの成長のきっかけを作ることです。その点、ＫＢＣでは、「イベントプログラム」と「まなびプログラム」など人間力を育むための多彩なプログラムを行っています。エコをテーマにしたボランティア、助産師さんから学ぶ命の教育、非日常をたっぷり味わう野外キャンプ、働く人の現場の声を聞く経済活動の体験など、子どもたちはさまざまな体験をきっかけにして、多様な価値観に触れ、興味、関心を広げ、自分の未知なる可能性を発見していきます。

この第５章では、私たちがきっかけになると考え、実践しているプログラムを紹介しつつ、それぞれを家庭で応用する場合のポイントを解説していきます。

リアルな社会を体験する「キッズＭＢＡ」

子どもたちに将来の夢を聞くと、よく挙がるのが、プロ野球選手やサッカー選手、先生、お花屋さん、ケーキ屋さん、ＹｏｕＴｕｂｅｒ、またはご両親の職業など。どの夢もステキですが、基本的に自分に身近な社会の中からの選択肢です。

でもこの先、子どもたちが活躍する社会にはさまざまな仕事や職業があります。

私たちが用意しているイベントプログラムの代表格である「キッズＭＢＡ」は、社会の仕組みや経済、法律、社会問題をわかりやすく体系的に学ぶことができる小学生向けのキャリア教育プログラムです。

１年間に次のような活動を行い、子どもたちは「社会」「働くこと」「お金」「法律」について、体験的に理解していきます。

●まちを知り・作る……各施設のある街にはどんなお店や施設、サービスがあるのか、子どもたちはキッズコーチと一緒に街に出て、取材。地図を作り、職業カルタを作り、それぞれが「どんな街なら暮らしやすいか？」のアイデアを出して話し合います。

●お店の裏側・物の流れ……子どもたちの周りにあるたくさんの商品。その商品はどこから、どのようにして自分たちのところにやってくるのか。実際に物流センターやスーパーを訪問して見学し、物流や小売店の仕組みを学んでいきます。

●お金と会社の仕組み……世の中にある事業を事例としながら会社の仕組みについて学んでいきます。株式会社の仕組みを学ぶため、ゲーム形式で株の売買を疑似体験したり、夏休みを利用して東京証券取引所を見学したり、「お父さんやお母さんが働いている〝会社〟ってなんだろう？」という疑問を紐解《ひもと》いていきます。

この他にもさまざまなテーマがあり、興味を持つ子もそうでもない子も、それぞれに社会や仕事への理解を深めていきます。こうした取り組みを年間通して体験できるのも私たちのような民間学童保育を利用するメリットの一つです。

ただ、各プログラムが目指している本質は家庭の休日の中でも子どもたちに味わってもらうことができます。

例えば、「国立科学博物館」や「東京都水の科学館」「貨幣博物館」など、世の中の仕組みを知るのに適したスポットは全国にいくつもありますし、東京証券取引所などは一般での見学も受け付けています。また、保護者の皆さんが働く仕事の現場への「子ども参観日」を計画してみるのもいいですよね。

東急電鉄長津田車両工場見学

仮にその場、その瞬間のお子さんの反応が「ふーん」といまいちだったとしても、大人のいる社会に触れた経験は本人の中に残り、人間力が育つきっかけになっていきます。蒔《ま》いた種がいつどんな形で芽を出すのかは、私たちにはわかりません。

大人にできるのは種を蒔くこと。日々のお出かけにちょっとした仕掛けをしてみる日を増やしてみることをオススメします。

子どもたちが一つの「街」を作り運営するKBCタウン

「キッズＭＢＡ」の集大成として、年に１回開催しているのが、「ＫＢＣタウン」です。

これは子どもたちが自分たちの力で一つ

の街を作り上げる取り組み。模擬店の企画から準備、運営まで、すべてを子どもたちが担い、販売する商品、店の装飾、接客の仕方まで話し合って決めていきます。

ビジネスとして本気で取り組みますから、売上目標を設定し、店長・副店長・販促担当などの役割分担を決め、接客の練習などを行い当日に臨みます。会場内では疑似通貨である「ケビィ」を流通させ、子どもたちが保護者をはじめとする大人のお客さんを出迎えるのです。

加えて、街作りのために広報課・環境課・まちづくり計画課からなる市役所も設置され、上級生を中心とした子どもたちが立候補して運営を担当。各模擬店の管理、カフェスペースやステージなど公共スペースの運営など、オンライン会議などを実施して、さまざまな店舗の子どもたちと連携し協力しながら街づくり全体のお仕事をしています。

さらに、各店舗から代表が集まり、投票で市長と副市長を選ぶ選挙も行われます。

この取り組みのモデルとなっているのは、ドイツの「ミニ・ミュンヘン」です。ミニ・ミュンヘンは30年以上の歴史を持ち、７歳～15歳までの子どもたちが３週間限りの「小さな都市」を運営するイベントで、子どもたちはさまざまな職業を体験し、所得を得て、納税も行います。

学園祭のような賑わいとなるＫＢＣタウンを家庭でマネするのは難しいかもしれません。

2024年度
KBCタウン市長選挙ポスター
KBCタウン市長選挙へ各店舗の代表として、勇気をもって立候補してくれた22名の子どもたちです。
自分がKBCタウンに参加したときの思い出や、これから作るKBCタウンに向けて熱い想いがこもった個性あふれる選挙ポスターとなりました。
かっちゃん
みんなのやさしいリーダー
みんなできょうりょくして楽しいKBCタウンにしよう！
みんなで協力、笑顔のKBCタウン
まりまり
ゆうくん
頼れるパワフルお兄さん
みんなで楽しくショッピング★
はるはる
みんなえがおのKBCタウン！
みっちー
だれにでもやさしい♥
みんなで楽しくするKBCタウン
みんな全力！楽しもう！KBCタウン
のんのん
りっぴー
誰もが主役！
誰もがおもいっきり楽しめるKBCタウン
まもるん
りさりさ
いつでもみんなに笑顔を届けます
つくろう！みんな幸せで楽しいKBCタウン
すーたん
みんなかがやくKBCタウン
らんらん
思い出に残るKBCタウン
さくちゃん
みんなでつくりあげよう！Enjoyタウン
いつも明るいポジティブガール
のっちゃん
ちゃっちゃちゃっちゃのっちゃん
超伝説のKBCタウン
りえぴょん
KBCの一番星★お祭りガール！
ななっしい
やる時はやるお調子者！！
まーくん
みんなでつくろう！歴史に残るKBCタウン！！
文武両道☆無敵ボーイ
かいかい
元気100倍たのしさ100倍KBCタウン！！
今年も各店舗の代表が立候補してくれました！お友達と一緒ではなく、自分の意見をもって投票をしました。

KBCタウン市長選挙

しかし、物事にビジネスとして本気で取り組み、楽しみながら商売の仕組みを学ぶ機会は作ることができます。

例えば、各地域で開催されているフリーマーケットに親子で出店して、販売する側、購入する側の両方を体験してみる。対面売買のフリーマーケットでは値札はあるものの、ディスカウント交渉を経験することもできますし、売る側、買う側双方から見た商品の価値を考える機会になります。また、リユースの意識が高まることで、環境的な側面から生活やビジネスを考えるきっかけにもなるでしょう。

もちろん、メルカリやラクマなどのフリーマーケットアプリを使い、親子でオンラインでの売買を楽しむのもありです。相手の顔は見えませんが、商品の梱包、発送を行うことで、物流について学べる機会になります。

自然の中での冒険～サマーキャンプ

「キッズＭＢＡ」と並ぶ、ＫＢＣのイベントプログラムのもう一つの大きな柱が「ＫＢＣアウトドアクラブ」です。高尾山に登山に行ったり、田植え体験をしたり、野菜収穫体験をしたり、わかさぎ釣りをしたり……。自然の中で友達やコーチと一緒に過ごすことで、精神的自立を促すとともに、生活技術や危険回避能力を養成します。

サマーキャンプ

なかでも、年に一度の「サマーキャンプ」は、子どもたちの大きな成長の機会となっています。2泊3日の日程で行われるキャンプは、多くの子どもたちにとって初めての、親元を離れた生活体験です。最初は不安そうな表情を浮かべる子も少なくありませんが、友達とキッズコーチたちと豊かな自然の中で過ごすうちに、表情が輝き出します。

川遊び、虫取り、ウォークラリー、キャンプファイヤーなど、日常ではなかなかできない体験の連続に異学年で協力しながらチャレンジしていく。テントを立てたり、野外で調理したり、ときには雨に降られて大変なことになる場面もありますが、それも含めて貴重な経験です。

ほんの2泊3日の非日常体験ですが、帰る頃には子どもたちは一回りも二回りも大きく成長しているのを実感させられます。

命の大切さを学ぶ「いのちのおはなし」

「いのちのおはなし」は、親子参加で行うイベントプログラム。現役の助産師さんをお招きし、妊娠、出産がいかに命がけであるかを話していただいています。そして、このプログラムの特徴は、親子で行う「生まれてくれてありがとう」のメッセージ交換にあります。保護者には事前に自分の子どもへの手紙を書いてきてもらい、子どもたちには助産師さんの話が終わった後、その場で親御さんへのメッセージカードを作ってもらいます。

誕生日は子どもの誕生を祝う日であると同時に、お母さんが命がけで産んでくれた記念日でもある……。そんな当たり前だけど忘れがちな事実に、改めて気づかされる機会となります。

赤ちゃんだった頃の写真を見ながら、みんなが喜んでくれた様子を振り返る。普段は照れくさくて言えない感謝の気持ちを、手紙に込める。涙を流しながらメッセージを読み合う親子の姿には、毎年心を打たれます。

「最近、怒ってばかりでごめんね」と話すお母さんもいれば、「お母さん、僕のこと、嫌いになったかと思ったけど、そうじゃなかったんだ」と笑顔になるお子さんも。このイベントを通じて、親子の絆は深まり、子どもたちの自己肯定感も高まっていくのです。

スポーツを通じて学ぶ思いやりの心

日頃から体を動かす時間を大切にしているＫＢＣが各施設対抗で年に１回行っているのが、ドッヂビー大会です。

大会が始まった当初は、キッズコーチも子どもたちと一緒になって勝ち負けにこだわりすぎてしまう場面も見られました。でも、それはこのイベントプログラムの本質ではありません。伝えたいのはスポーツマンシップであり、スポーツを通じて育まれる思いやりの心です。

スポーツには実社会の模擬練習のような側面があります。

勝つ人がいれば、負ける人がいて、思いやりを知るよい機会でもある。中学、高校の部活では、一生懸命に練習してもレギュラーになれないことは珍しくないですし、すぐに努力が結果に結びつかない現実があるのは社会に出てからも同じです。

チームスポーツでは、力がある個人がわがままにプレーするより、チームワークが重要であることを学べます。それは社会に出てから欠かせない、とても重要な気づきです。

私は毎年の表彰式で、その年に印象に残ったスポーツマンシップのエピソードを紹介しています。例えば、２０２３年はＷＢＣ（ワールドベースボールクラシック）で日本に敗れたチェコチームの振る舞いに注目しました。

チェコチームは日本に2対10で大敗を喫しましたが、試合終了直後、侍ジャパンのベンチへ向かって「おめでとう」と勝利を称えて拍手。球場に詰めかけた日本のファンにも手を叩いて祝福を伝えました。負けた相手に拍手を送れる心の大きさの素晴らしさ。また、チェコチームは多くの選手が野球以外の仕事をしています。オーストラリア戦に先発した投手の本業は、消防士でした。プロではない選手たちの全力で頑張る戦いぶりは日本人に感動を与え、大谷翔平選手はアメリカに移動するときにチェコ代表の帽子をかぶり、チェコチームへのリスペクトを示していたそうです。

そして、チェコチームのスポーツマンシップに感動した日本のファンが、チェコの野球協会にお菓子やプレゼントを贈ったという逸話もあります。

こうしたエピソードを伝えることで、子どもたちはスポーツには、対戦すること、その勝ち負け以上に大切なものがあることを学んでいきます。

社会への貢献を体験する「エコボラキッズ研究所」

エコボラキッズ研究所は、環境保護のワークショップや地域の清掃活動キッズパトロールなどを通じて、社会貢献の意識を育むプログラムです。

環境保護のワークショップは、温暖化の仕組みや自然の生態系と森の役割、ゴミの循環、フードマイレージや食糧・農業問題、海とマイクロプラスチック、水の問題など地球に関してたくさん学びがあり、楽しいゲームやクイズを交えて視野を広げていきます。

書店や図書館には、小学生向けの絵や図が入った環境関連の書籍がたくさんあります。家庭でも、気になるテーマを取り上げて親子で一緒に学んでいくと、新しい発見があるかもしれません。

キッズパトロールでは毎日の通学路をはじめ、子どもたちが住んでいる地域に出て、落ちているゴミを拾っていきます。

ゴミ拾いの間には、こんな疑問も浮かびます。

「なんでこの人たちはポイ捨てをするんだろう？」

「ゴミ箱がないからじゃない？」

「でも、ゴミ箱がある場所でもゴミは落ちているよ？」

ゴミ拾いの後は、子どもたちと一緒に正解のないこうした問題について考え、話し合っていきます。そして、ゴミを拾ったことのある子どもは、大人になってもけっして道端にゴミを捨てようとはしません。社会学の研究でも、街中にゴミが放置されているとさらにゴミが捨てられて状況が悪化していきますが、ゴミのないきれいな街に暮らす人たちにはそれを維持しようとする意志が高まることが明らかになっています。

ゴミ拾い活動は地域のボランティア活動としてもポピュラーですし、また各ご家庭で自主的によく遊ぶ公園のゴミを拾うといった試みをしてみることも可能です。ゴミ拾いは、子どもたちにとっても、大人たちにとっても、自分の住む街や人のこと、地球全体のことを考えるきっかけとなる活動なのです。

また、他の誰かのための清掃を経験したお子さんには、思いやりの気持ちや公共心が育まれ、自分の部屋をきれいにしたり、整理整頓したりする習慣にもつながります。同時に、街やお部屋をきれいにすることで、自分の心がすっきりすることも覚えていくのです。

そんな実感を通じて、子どもたちには社会の一員としての自覚が生まれます。SDGsという言葉が広まる前から、私たちは子どもたちとこうした活動を続けてきました。

楽しみながら身につく「KBCマナー」

私が子どもの頃は小学生になると、電車での座席はお年寄りに譲るものとしつけられてきました。降りる人がホームに出る前に「我先に……」と乗り込んでくるひどい大人もいますが、電車やバスに乗ったときは公共のマナーを学ぶ絶好の機会です。

私も学生時代ロンドンを旅したとき、ごく自然に後ろの人のためにドアを押さえる紳士の姿を見て、マネするようになりました。大人のカッコいい姿を子どもはマネするものです。

そして、子どもたちが社会に出たときに役立つ挨拶や基本的なマナー、礼儀作法、社会のルールをゲーム感覚で学んでいくプログラムが、「KBCマナー」。家事のプロから掃除の仕方を学んだり、服のたたみ方を教えてもらったり、すぐに使える生活技術も身につけていきます。

「家に帰ってきたら、急に洋服を自分でたたんで、しまうようになりました！」「玄関で家族の分まで靴を揃えてくれるようになりました」と保護者の方をびっくりさせ、その驚いた表情にうれしくなって、ますますお手伝いをするようになったなんて話を聞きます。

子どもたちはできたことを褒められ、認められる経験を重ねることで、自然とマナーや生活技術を身につけていくのです。

家庭でも活かせるイベントの学び

このように、ＫＢＣのイベントプログラムは、「体験」を通じて人間力を育むことを大切にしています。そして、これらのプログラムの要素は日々の家庭の暮らしの中にも取り入れることができます。

例えば、子どもの誕生日。プレゼントや食事を用意するだけでなく、家族で「生まれた日の思い出」を語り合ってみたり、写真を見ながら当時の喜びを共有したり。これは「いのちのおはなし」と同じく、命の大切さや家族の絆を実感できる機会となります。

野球、サッカー、バスケットボールなど、親子でスポーツ観戦に行くときは、試合の勝敗だけでなく、選手の振る舞いに注目してみましょう。「あの場面の、あの選手が見せたスポーツマンシップ、素晴らしかったね」と話し合う。そんな会話の一つひとつが、子どもの心に残っていくはずです。

また、オリンピックやワールドカップ、駅伝や高校スポーツなどのテレビ中継を家族で見る機会もあるのではないでしょうか。その中継を見ながら、スポーツ紙や雑誌で報じられたアスリートの素敵なスポーツマンシップのエピソードを子どもに伝えていくのもいいでしょう。

例えば、ＫＢＣ恒例のドッヂビー大会のとき、私は子どもたちにこんな事例も紹介しています。

パリオリンピック（２０２４年）で、日本の体操の橋本大輝選手が金メダル争いをしていた中国選手の演技の順番になった場面で、観客席に向かって「静かにしてほしい」というジェスチャーをしました。ライバルが集中して演技に入れるよう、お互いの条件が不利にならないよう、正々堂々フェアに戦いたいという素晴らしいスポーツマンシップです。

２０２４年の高校サッカー選手権では、１月１日に発生した能登半島地震の影響により、北陸地方から全国大会に臨む高校の応援団の多くが試合会場に駆けつけることができなくなりました。それを聞いた他の高校の生徒と応援団が横断幕を作り、北陸の高校生たちを全力で応援したのです。

こうしたエピソードを伝えると、子どもたちはスポーツを起点として相手に対する思いやりや個人として正しい行い、チームや応援してくれる人たちへの感謝の気持ちなどを自分のペースで学び取っていってくれます。

もちろん、スポーツをやっている子どもなら、練習や試合、日頃の取り組みで素敵なシーンを見かけたらいっぱい褒めてあげてください。

マナーについても、来客時を「おもてなしを学べるきっかけ」と捉え、子どもに玄関でのお迎え、お茶出し、お見送りなどの役割を任せてみましょう。「えらいね」「きちんと挨拶できてすごいね」というお客さんの反応、お帰りになった後に親御さんから「お客様が喜んでくれたね」と語りかけられる経験が、自然とマナーへの意識を育んでくれます。

社会貢献についても難しく考えることはありません。夏休みや冬休みに行われる地域の清掃活動に家族で参加してみる、環境問題について報じるニュースを見ながら親御さんの考えを伝えたり、お子さんの疑問に答えたりして話し合う。そうした日常の積み重ねが、社会への関心や公共心を育てていくのです。

私たち大人側が日常生活の中にある学びのきっかけに気づき、それを大切にしていく。そんな意識を持つことで、子どもたちの成長をより豊かなものにしていけるはずです。

ポイントは、お子さんの小さな成長に気づき、それを認めること。「できた」「やれた」という実感の積み重ねが、子どもたちの人間力を確実に育んでいきます。ときには失敗することもあるでしょう。でも、その経験もまた、成長の糧となります。完璧を目指すのではなく、一緒に楽しみながら取り組んでいく。そんな姿勢で子どもたちと向き合っていけたらと思います。

学校や塾にはない「まなびプログラム」

「日本では、毎年たくさんの犬や猫が殺処分されています」

はっきりとした声でステージ上から聴衆に語りかけたのは、小学3年生の女の子です。

スピーチのテーマは、動物愛護の問題について。1年間に保健所に持ち込まれるペットの数、5000軒を超える日本全国のペットショップの数、日本で売買されている犬や猫の数、簡単に買える反面、簡単にペットを手放す人の多さ、そしてペットの売買そのものを禁止するフランスの法改正の動きなど、データに基づいた現状分析と、命について真摯《しんし》に考えるプレゼンテーションに会場の人たちは聞き入っていました。

これはKBCの「まなびプログラム」の一場面です。

まなびプログラムは、「コミュニケーション講座」「子どもライブラリー」「子どもせかいフォーラム」という三つの柱で展開され、子どもたちは自分で考え、他者を理解し、自らの言葉で表現ができる大人になるために必要な力を楽しみながら育んでいきます。

そして、このスピーチが行われていたのは「コミュニケーション講座」の集大成といえる「KBCαスピーチコンテスト」です。

私は毎回、発表の場を見守っています。滑舌良く大きな声で発表する子、聞き手の関心を

スピーチコンテスト

高める上手な組み立てができる子、身振り手振りを交えながら情熱的にプレゼンする子、想いを込めてゆっくり話す子、論理的で説得力があるスピーチをする子、どのスピーチにも本人の個性が表れています。

どの子もそれぞれの視点で家族や友人への感謝・尊敬を表現したり、社会の問題点に切り込んだり、論理で説得し、感情に訴える素晴らしいプレゼンテーションを披露してくれるのです。

そんな本番に向けて自ら設定したテーマについて調べ、学び、キッズコーチの手助けも受けながらスピーチの内容を作り上げていき、壇上に立つ。大きなステージから観客に向けて語るプレゼンテーションを通して、自分と向き合い自己を確立していく。見守る大人たちには、子どもたち一人ひとりが、思春期の前の発達段階から少しずつ自分の考えをしっかりと持ち、表現できるように成長しているのが伝わります。

毎年のスピーチコンテストでは正直、子どもたちは1年でここまで成長していくものなのかと驚かされています。

コミュニケーション力は、小さな自信の積み重ねで育つ

「コミュニケーション講座」の初級であるコミュニケーションベーシックでは、発表することの楽しさを感じられるように講座を進め、子どもたちの自己肯定感、発想力、表現力を育みます。

講座では一つのテーマを決め、グループでの話し合いを行い、賛成のとき、反対のときの意見の伝え方、双方にとってのメリット、デメリットを挙げながらの理由の述べ方などを段階的に学んでいきます。最初は小さな発表から始めて、徐々にテーマの枠を広げ、一年の集大成として、保護者の方々の前でのミニプレゼンテーションに挑戦します。

プレゼンテーションについて1年生は自己紹介をきちんとできるようになることから始め、徐々にスピーチの基礎を学び、2年生から舞台で自己表現をします。アドバンスクラスを経て、高学年のマスタークラスでは社会問題を研究し、解決のための行動を行うなど、一年間の活動を活かしてスピーチをまとめます。進級するごとに毎年信じられないほどプレゼ

ンテーション内容と表現力が成長していくのです。

先ほど紹介した動物愛護のプレゼンテーションは、こうした積み重ねの集大成です。発表者の女の子は、半年前から準備を始めました。テーマ選びから資料集め、原稿作成まで、すべて自分で取り組んでいきます。

このように、一つの目標に向かって試行錯誤し、実現させていく。その経験が、子どもたちの大きな自信となっていくのです。

私たちがコミュニケーション講座で大切にしているポイントは、「自分の気持ちや考えが受け入れられる環境」を作ること。ここではどういう意見を言っても大丈夫、みんながきちんと聞いてくれる。そんな安心できる場が、子どもたちの心理的安全性を高め、コミュニケーション力を養います。

「子どもライブラリー」で育む想像力と創造性

「子どもライブラリー」は、文字を追うだけの読書から、より深い物語の世界を子どもたちに体験してもらい、本が大好きになるような講座です。本の世界は文字で書かれた二次元の世界ですが、読み手の想像力によって豊かな三次元の世界へと広がっていきます。この講座では、そんな本の魅力を子どもたちに体験してもらうことを大切にしています。

「子どもライブラリー」で作った絵本

ポイントは単なる読書指導ではないこと。創作絵本づくりのワークショップでは、場所や時代背景などの世界観、ファンタジーやミステリーといったジャンル、人間や動物など、どんなものを登場させるか、本を通して伝えていきたいことは何かを、グループでディスカッションし、物語を発展させ仕上げていきます。子どもたち自身で、表紙をデザインし、挿絵も描きます。完成した絵本はきちんと製本し、世界に一冊だけの本として子どもたちに贈ります。

また、昔話『桃太郎』のサイドストーリーを考えるワークショップでは、桃太郎以外の登場人物を主人公にした視点でストーリーを創作します。例えば、主人公をオニとする場合、オニの設定だけでも「１００人の部下がいてお金に困っていて盗みを仕方なくしてしまったオニ」「本当は戦いたくないオニ」などさまざま。さらには、オニのした「わるさ」の内容が異なったり、オニ自身は実は「わるさ」をしたと思っておらず桃太郎は遊びに来てくれたと思っていたり、ユーモアあふれるサイドストーリーが生み出されます。

子どもたちは本を読むことに親しむと同時に、こうした創作活動を通じて想像する力、物語を創造する空想力、そして相手の気持ちを想像する思いやりの心を育んでいくのです。

「子どもせかいフォーラム」で広がる世界への視野

「子どもせかいフォーラム」は、時事問題のワークショップ「グローバルイシューズ」、世界で活躍する大人をゲストに招いてお話を聞く「グローバルリーダーズ」、異文化・価値観・慣習などを通じて世界を知るとともに日本の文化や良さを学ぶ「ハローＮＩＰＰＯＮ！」の三つの講座からなるプログラムです。

なかでも特徴的なのが「グローバルイシューズ」。これは私やキッズコーチが講師役となって、時事問題について子どもたちとディスカッションする場です。

例えば、最近扱った時事問題は「安全保障って何だろう？」でした。２０２２年、ロシアによるウクライナ侵攻以降、台湾への中国の姿勢が注目され、日本の防衛費増額が議論されていた時期に取り上げたテーマです。

尖閣《せんかく》諸島、北方領土、自衛隊、日米同盟……。時に眠くなっちゃう子もいますが、多くの子どもたちは真剣に耳を傾けてくれます。そしてディスカッションでは、ハーバード大学教授マイケル・サンデルさんの「白熱教室」の手法を参考に、子どもたちを対立する意見の側に振っていき、議論を進めていきます。

ロシアの侵攻に肯定できる部分はあるか、ないか。日本は防衛費を増やすべきか、否か。それぞれの立場に立った子が意見を言い、相手はそれに耳を傾け、質問したり、反対意見を返したり……ディスカッションを通して世の中には多様な価値観があることを学んでいくのです。

ただし、私たちは戦争については明確な姿勢を示します。

「戦争では必ず多くの人が亡くなる。それはとても重たい意味を持つんだよ」

「テレビゲームのように、敵を倒せば終わりじゃない。殺された兵士にも家族がいて、その人たちは深く悲しむんだ」

だからこそ外交による平和的解決が大切になる……そんなメッセージも伝えていきます。

「グローバルリーダーズ」では、世界の各分野で活躍する日本人をゲストに招き、その人の歩んできた道を語ってもらいます。子どもたちはさまざまな成功の形を知り、国際社会で活躍する方法は一つではないことを実際の体験談から学んでいきます。

「ハローＮＩＰＰＯＮ！」は、改めて日本の文化や良さを学ぶ講座です。

例えば、大相撲ツアー。相撲の歴史などを事前学習をした上で、実際に国技館に観戦に行きます。また、茶道や華道といった伝統文化を親子で体験することも。意外なことに保護者のほうが日本文化の知識があやふやで、事前学習したお子さんから教えられる場面も珍しくありません。家族で一緒に学ぶ良い機会になっているのです。

このように「子どもせかいフォーラム」は、世界の広がりや人々の多様な視点、考え方の違いを知り、自分のルーツを学ぶ複合的なプログラム。子どもたちは家に帰って「今日、こんな議論をしたんだ」「ゲストに来てくれた人から、こんな話を聞いたんだ」と、保護者に話します。

それをきっかけに、家庭でもニュースを見て世界の時事問題のディスカッションが始まる。そうやって最初は小さく限定されていた子どもたちの世界が、少しずつ広がっていくのです。

家庭でもできる「まなび」のヒント

「まなびプログラム」の中でも、プロの講師を呼んで行う授業やホールを借りてのスピーチコンテストなどは、家庭で実践するのが難しいかもしれません。しかし、それ以外のプログラムに関しては日々の生活の中に取り入れることが可能です。

例えば、本を読む時間。小学生になると読み聞かせをする時間が少なくなっていく家庭が多いですが、実は自分で本を読めるようになる小学生年代のほうが、親子で話し合える幅が広がります。

お話系の本なら「この場面で主人公は、どんな気持ちだったのかな?」「中盤で起きた事件についてはどう思った?」と、ストーリーを追いながら想像力や論理的思考を養うことができます。また、ルポやジャーナリズム、時事ニュースを追うような本なら、題材となっている人物、歴史、事件などについて話し合うことで、知的好奇心、探究心、社会への関心、公共心などが刺激されます。

大切にしたいのは、子どもの興味、関心に寄り添いながらコミュニケーションの機会を意識的に増やしていくこと。ニュース番組を見て話す、旅番組を見てその土地について調べてみる、バラエティ番組がどうしておもしろいのか分析してみる、題材はなんでもかまいません。浮かんできた子どもの興味、関心の芽をつまずに育てていきましょう。

動物愛護のスピーチをした女の子も、最初は漠然とした問題意識しかありませんでした。でも、身近なペットに目を向けた気づきを否定せず、「もっと調べてみたら?」と励ましたことで、素晴らしいプレゼンテーションが生まれたのです。

子どもたちにとって「自分で発見した！」「自分でその答えにたどり着けた！」という喜びほど、自信につながるものはありません。

第6章　人間力は日常の遊びでも育つ

非認知能力が上がると認知能力も上がる

子どもたちが高学年になると、中学受験をすることに決めたご家庭や周りに受験する同級生が増えてきた学区の保護者の方から、ぼやき交じりにこんな声を聞く場面が増えていきます。

「遊んでいる時間がもったいない。もっと勉強してもらいたい」

放課後、友達との遊びに夢中になって約束していた時間までに家に帰ってこない。学童に持たせた塾のプリントの進みが遅い。週末、ぼんやり本を読んでいて、声かけしてもなかなか机に向かってくれない。

親がやきもきする気持ちはわかります。でも、本当に遊んでいる時間はもったいないのでしょうか?

私はそうは思いません。子どもたちの学力向上には、非認知能力が大きく関わっています。なぜなら、学習の動機となる知的好奇心や探究心を育むことが大切であり、さらに重要なのは自律心です。どれだけ頭が良くても忍耐力や衝動をコントロールする力（本能的欲求を理性でコントロールする力）がなければ、学力は伸びていきにくいからです。

例えば、授業の復習や宿題でわからないところがあったときに、「なんとかわかるようになりたい」と粘る子と「もう嫌だ」と投げ出す子。やりたいゲームがあっても、見たい動画があっても誘惑に負けず、気持ちを切り替えて勉強できる子と、すぐに誘惑に負けてしまう子。前者と後者では、同じ知的能力を持っていても、いずれ成績にはっきりとした差が出てきます。

それはスポーツや芸術などの分野でも同じでしょう。目標に向けてコツコツ努力を続けることができず、誘惑に負けてサボったり、期待通りにならない場面ですぐに落ち込んでやる気をなくしたりしていると、思い描く成果は得られません。

つまり、非認知能力である忍耐力、衝動をコントロールする力の成長が重要だということです。

加えて、衝動をコントロールする力は、学習面だけでなく、社会生活全般に大きな影響を与えます。自分の感情をうまく切り替えられずにいると、友達との関係が不安定になったり、学校や学童でのトラブルも増えたりと、親子共に心が落ち着かない時間が長くなってしまいます。

こうした非認知能力の成長に余白の時間が不可欠であることは、繰り返しお伝えしてきた通りです。

それでも私たち大人は、遊んでいる時間やぼーっとしている時間をもったいないと考えがちです。特に中学受験に特化した学習塾などでは「無駄な時間はいらない」という発想が強く、放課後の時間を目一杯、学習で埋めようとする傾向があります。

でも、無駄でもったいない……ように見える時間こそ、子どもたちの非認知能力が伸び、認知能力の向上にもつながるヒントがあるように思います。私自身、起業家として重要なアイデアが浮かんだ瞬間を振り返ると、電車での移動中、散歩の合間、ジムでストレッチをしているとき、入浴中、眠りにつく直前などの場面が思い当たります。

アイデアを出さなくちゃ、何かいい切り口はないかな……と根《こん》を詰めた後のなんでもない時間に突然アイデアが閃く、そんな経験を何度もしてきました。

実はこの現象、脳科学の研究で理由が明らかになっています。私たちの脳は、ぼーっとしている瞑想状態に近いとき、デフォルトモードネットワークというアイドリング状態にあります。その間、脳は無意識下で働き続け、インプットされた情報を整理しているのです。

結果、意識下で根を詰めて考えた事柄が整理され、他の情報や過去の経験などと結びつき、良いアイデアへと変換されることがあるのです。

子どもたちに当てはめれば、学校で学んだことが放課後のなんでもない時間の間に整理され、「もしかしたら、あれはこういう意味だったのかな」「この間、授業で聞いたことはこの遊びと似ているかも」といった閃きや発見につながっていきます。私自身、子どもの頃によく空想していたことや、楽しいことを考えていた習慣が、ユニークなアイデアを生み出せる大人になれたこととつながっていると実感しています。

衝動を自分でコントロールする術

一方、本能的な欲求である衝動を理性でコントロールする力は、脳の前頭前野の成長と関係しています。低学年のうちはうまくできない子どもが多いですし、高学年になっても大人もそうであるように、常に冷静沈着でいられるわけではありません。

それでも経験的にいえば、落ち着きがなかったり、飽きっぽかったり、怒りっぽかった子も中高生になると、見違えるように安定していきます。これは前頭前野の成長と合わせ、自分をコントロールする術《すべ》を身につけるからです。

友達と夢中になって遊ぶ経験。自分の力で難しいパズルや工作を最後まで作り上げる時間。そうした没入体験が、集中力や粘り強く物事に取り組む力（忍耐力や衝動をコントロールする力）の土台となっていきます。詰め込み型の学習よりも、好奇心をくすぐる遊びで集中力を身につけていく放課後時間のほうが、結果として子どもたちの可能性を広げていくのです。

また、日頃の生活の中で子どもたちが自分をコントロールする術を身につけていくためには、次の三つの習慣を意識していくといいでしょう。

①環境設定：誘惑するものを遠ざける（スマートフォン、ゲーム、テレビ、など）

子どもには「悪い子だから取り上げる」といったアプローチではなく、大人もみな誘惑に負けないよう努力していることを伝えましょう。子どもの意志を尊重して合意の上で、守ることが可能なルールをつくることが大切です。

②スモールステップと習慣化

目標をブレイクダウンし、スモールステップで「やったー、できた！」の成功体験を、できたことを褒めて習慣化していきましょう。少しずつステップアップして、ゲームのように自信、自己肯定感の成長を楽しめると最高です。

③内省的思考（自分と向き合い自分の思考・行動を振り返ること）

うまくいかないときに、計画を修正して前向きな気持ちを維持するように心がけましょう。壁にぶつかったときに支えとなるのが、自分を信じる力です。日頃から遊びや生活の中で自己肯定感を育むことが重要です。

この三つの習慣が身につくまで、特に低学年のうちは大人のサポートも必要です。特に③

内省的思考を育むためには、言語の発達、語彙《ごい》力の発達が欠かせません。思いどおりにいかない場面で手が出てしまうなど、衝動のコントロールができなかったとき、つい頭ごなしに「ダメでしょ！」と叱って終わりにしてしまうことがあります。そんなときには、子どもが落ち着いたところを見計らって、「さっきは何が嫌だったの？」などと一緒に気持ちを振り返ってあげながら、「そうか、悔しかったんだね」「やめてほしいと思っていたんだね」など、子どもの気持ちを言語化する習慣を持つことが有効です。

また、そもそも小学生の発達段階では難しい衝動のコントロールですが、特性として衝動が抑えられないＡＤＨＤの子どもたちもいます。

ＡＤＨＤにも幅があり、グレーゾーンの子どもたちも多く、多動性、衝動性、注意欠如など傾向にも個人差があります。社会で生きている大人の性格にも、この傾向が表れることがよくあります。私も会議中におもしろいことを思いつくと、その思考に集中してしまうことがあり、多少ＡＤＨＤの傾向がありそうです。

心配な方は療育センターなど医療機関に相談されるとよいでしょう。診断がつくことに抵抗がある保護者もいると思いますが、公的支援を受けることは、学校関係者の理解と配慮、公立の学童保育では人員を加配できる可能性があり、子どもにとってプラスが大きいのです。

遊びを通して育まれる五つの力

そもそも子どもたちにとって「遊ぶこと」は本能的な行動です。乳幼児期だった頃のお子さんの様子を振り返ると、身近にある道具をなんでもおもちゃにして遊んでいた姿を思い出しませんか？

ペットボトルをコロコロ転がして笑っていたり、スリッパを両手にはめて楽器にしたり、公園の砂場に連れて行けば誰も教えていないのに穴を掘ったり、山を作ったり、落ち葉を踏みしめて音の違いに気づいてずっと足踏みをしていたり……。

子どもたちは遊びながら周囲の環境を探索し、適応していきます。遊びは、食べることや眠ることとほぼ等しい本能で、好奇心のままにさまざまな発見や経験をし、発達していく。これが子どもたちの自然な成長の姿です。

こうした遊びの持つ教育的価値について、保育の世界には「５領域」という考え方があります。「健康」「人間関係」「環境」「言葉」「表現」という五つの分野で、子どもたちは遊びを通してこれらの力を自然に身につけていくと考えられているのです。

ＫＢＣでは、学童保育だけでなく、「ＫＢＣほいくえん」という保育園も運営しています。私たちは保育園を子どもたちの「初めての社会」と捉え、保育士や友達との関わり、地域の人々との遊びと交流を通じて五つの力の発達を促していきます。

そして、それは小学生年代になっても変わりません。

例えば「人間関係」について考えてみましょう。

学童保育での子どもたちの関係性は、1年生の1年間、2年生の1年間、3年生の1年間と年齢を重ねるごとに変化し、成熟していきます。1年生が2年生になり、3年生になり、新しく入ってきた1年生と交流する。上級生として下級生と遊び、面倒を見ながら、ときにはケンカもする。異年齢で遊ぶ日々の積み重ねの中で、少しずつ人間関係が成熟し、同時に使う言葉、表現についても学んでいくのです。

KBCで過ごす放課後時間では、子どもたちが自分たちで遊びを決め、ルールを作り、問題が起きれば話し合って解決していきます。もちろん、時間の制約があるときや話し合いがまとまらないときは、キッズコーチから提案を投げかけることもあります。ただそれも子どもたちの主体性を邪魔するものではなく、「じゃんけんで決めてみる?」「このゲームでやってみない?」など、新たな遊びを追加する形で行われています。

「環境」への適応力も、遊びの中で育まれていきます。

ある年のサマーキャンプで印象的な出来事がありました。親離れができず、バスの出発時から泣いていた1年生の男の子。いつもは他の子に頼りがちな甘えん坊でしたが、虫取りという好きな遊びをきっかけに、徐々に環境に馴染んでいったのです。

キャンプ場に着いた初日は「やっぱり帰る」と泣いてばかりだったのですが、その夜、キッズコーチと一緒に近くの林の中に虫取りのトラップを仕掛けました。翌朝の楽しみができて気持ちが切り替わった男の子、残念ながら虫取りのトラップに狙っていたカブトムシやクワガタの姿はありませんでした。でも、キャンプ場の原っぱでカマキリやバッタを見つけることに成功。それを境に表情が明るくなり、川遊びやスイカ割り、キャンプファイヤーにも積極的に参加し、最後には「楽しかったな、明日で帰っちゃうんだ」と寂しそうに話すまでになったのです。

この2泊3日の遊びの経験は日常生活にも影響を与え、キャンプ後は身の回りのことを自分でするようになったと保護者の方から報告がありました。今いる環境に合わせ、自分で準備をする。そんな小さな自立の一歩を踏み出せたのです。

「言葉」や「表現」の力も遊びの中で育ちます。

子どもたち同士の話し合いの場面では、自分の意見を伝え、相手の考えを聞く。意見が対立したときは、じゃんけんやゲームで決めるなど、子どもたちなりの解決方法を見つけ出していきます。

このように子どもたちは遊びを通して非認知能力を育んでいきます。アメリカ国立小児保健・人間発達研究所（NICHD）の追跡調査でも、言語・知的能力・社会性など子どもの発達には、大人のポジティブな関わりが重要だと指摘されています。

大切なのは、大人が必要以上に介入しないこと。子どもたちの意欲や行動を引き出し、そのプロセスを褒めて、さらなる主体性と自己肯定感を養うこと。子どもたちの考えを尊重しながら、ときには見守り、ときには支援する。遊びの中で育まれる一人ひとりの個性を伸ばしていきましょう。

最後までやり抜く力

私はよくKBCの各施設にふらりと遊びに行きます。

子どもたちは「社長がきたー！」と笑顔で迎えてくれるのですが、ある日、とある施設で女の子たちからこう言われて入り口で引き止められました。

「社長、ちょっと待ってください！　まだ準備中なんです！」

準備中？　何を？　と不思議に思っていると、施設の奥から「いいよー」と呼ぶ声。入っていくと、そこには段ボールで作られた秘密基地がありました。出入り口には、「ギャル部屋」の表札。ギャル？　部屋？　と少々面食らいながら、体をかがめて女の子たちの秘密基地にお邪魔すると、そこには手作りの「ギャルくじ」「ギャルクイズ」など、子どもたちのアイデアが詰まった遊びがいくつもありました。

「これ、どうやって考えたの？」と尋ねると、目を輝かせながら次々と説明してくれます。遊びのルールや仕掛けを考え、それを形にして、さらに新しいアイデアを加えていく。まさに集中力と創造性の賜物です。

もう一つ遊びの効用として強く印象に残っているのが、ある発達障害のある男の子とキッズコーチとの交流です。彼は感情をコントロールするのが苦手で、何かあると癇癪《かんしゃく》を起こし、施設の本棚の本を全部出してしまったり、机を倒したりすることがありました。ときには他の子を叩いてしまうこともあり、親御さんも学校も対応に苦慮していました。

しかし、KBCのキッズコーチの一人が、その子の行動を否定的に見るのではなく、「この子のOKなこと、いいところは何だろう」と考えて接するようにしたのです。

すると、その子には特別な才能があることに気づきました。絵を描くのが上手で、アイデアが豊富。大好きなポケモンカードは学童に持ってこられないと知った彼は、自分でオリジナルのカードを作り始めたのです。

最初は施設の隅で薄いコピー用紙に絵を描いていました。それを見たキッズコーチが「厚紙を用意しようか？」と聞くと、うれしそうな反応。その日から本格的なカードゲーム作りへと発展しました。キャラクターはすべてオリジナルで個性的な特徴があり、バトルのルールまでしっかりと考え抜かれ、コーチが試しに彼と対戦してみるとゲームとしての完成度も高く、驚かされたと言います。

このカードゲーム作りの過程で大きな変化が二つありました。

一つは、カード作りに集中するうちに彼の癇癪が徐々に減っていったこと。もう一つは彼の豊かな発想と行動力が周囲からのリスペクトを生み、コミュニティの中に居場所ができたことです。クオリティの高いカードゲームの楽しさに気づいた下級生たちが「すごい！」と興味を示すと、同級生や上級生も一緒に遊ぶようになりました。

彼から絵の描き方を教わりたがる子も現れ、周りから認められる喜びを知った彼は新作のカードを作ったり、より多くの子が楽しめるようバトルのルールを改善していったり、1年後にはまるで市販品のようなカードコレクションができあがりました。

この経験は彼の日常生活にも大きな影響を与え、4年生になる頃には以前のような癇癪はほとんどなくなっていったのです。自分のやりたいことに打ち込み、それを周りが認めてくれる。その中で、集中力と物事をやり抜く力が自然と身についていったのです。

私は施設を巡回するときには、こうしたオリジナルの遊びを生み出している子どもたちに注目し、必ず褒めるようにしています。

段ボールや廃材を使って、居心地のいい秘密基地を作り上げたり、自分たちのアイデアと市販のゲームを掛け合わせて新しい遊びのルールを考え出したり……。自分で考えた遊びに没頭する時間の中で育まれる集中力と粘り強さは、勉強や生活面での課題にも確実に活きてきます。

なぜなら、夢中になって遊べるのは自分の興味のある物事に深く没入できる力があるということ。

私たち大人は、子どもの遊びをただの遊びと捉えがちです。でも、遊びの中で子どもたちは自分の「好き」を見つけ、それにとことん打ち込む経験を積んでいきます。その経験が、将来必要となる学習や仕事に打ち込む「集中力」や、難しい課題に粘り強く取り組む「やり抜く力」という非認知能力を育んでいくのです。

知的好奇心を育てる本物に触れる体験

ＫＢＣを創業した当初から、私は野外活動を重要視してきました。一つのきっかけとなったのは、子どもたちと交わしたこんな会話でした。

「マッチを擦ったことがある？」

「ない！」

予想以上に、多くの子がマッチで火を点《つ》けた経験がありませんでした。なかにはマッチそのものを知らない小学1年生も。たしかに都市部で暮らしていると、子どもが自分で火を点ける場面はなかなかありません。あったとしても、キッチンのガスコンロくらいのものでしょう。

そのままでもいいのかもしれませんが、ボーイスカウト出身の私は子どもたちに本物に触れる機会を作ってあげたい、と思ったのです。教育的観点というよりも、個人的な想いが先にあったのは否めません。

そこで、KBCの1号店があった世田谷区桜新町の近くにある「駒沢はらっぱプレーパーク」をお借りして、アウトドア体験を始めることにしました。駒沢はらっぱプレーパークは、子どもが「やってみたい」と思うことを、なるべく何でも実現できるようにした遊び場で、世田谷区と地域住民が協働で運営している公園です。

木登り、穴掘り、工作、水遊びなど、好奇心全開で遊べる空間。私はボーイスカウト時代の経験を活かし、雨天でも使える蠟マッチの扱い方を教え、薪割りにも挑戦してもらいました。

マッチを手に「火傷《やけど》するかもしれないから、よく使い方を見ておくんだよ」、鉈《なた》を手に「間違って足を切ってしまうかもしれないから、よくやり方を見て、真似するんだよ」と伝えると、本物の道具を使う高揚感とともに一人ひとりの顔がピリッと緊張した表情になったのを覚えています。

意外だったのは、子どもたちがスコップで穴を掘ることに夢中になったことです。土いじりの経験が少ないからか、いつもの公園の砂場とは比べものにならないくらい広いからか、たくさんの子が汗だくになりながら黙々と穴を掘り続けていました。

穴掘りには決まったゴールも、勝ち負けもありません。本人が掘って、掘って、それぞれの好きな形と大きさ、納得のいく深さに達して満足したところがゴール。大げさな言い方かもしれませんが、本人の主体性そのものが穴の形になっているのです。

お昼には飯盒《はんごう》炊飯をしました。火加減が一定でない中で「ちょっと焦げの匂いがしてきたな」「水蒸気の様子がおかしいぞ」と、五感を使って状況を判断し、炊飯器を使わない米の炊き方を学びました。

食事の後は大人も子どもも一緒になっての尻尾取り鬼。泥だらけになって遊んだ思い出は私の原点で、この日の経験が今のKBCのサマーキャンプの基礎となっています。

こうした本物に触れる体験のきっかけは私たち大人が用意しますが、そこで何を感じ取るかは子どもたちのもの。大人の経験や価値観で「こうあるべき」と決めつけるのではなく、子どもたちの気づきと考えを尊重することが大切です。

遊びは想像力を育て、自分の頭で考える力も育てる

ＫＢＣが初めて受託事業として公設学童保育施設の運営を行ったのが、港区東麻布にある学童クラブでした。その開設に向けて地域の皆さんのところにご挨拶に回った際、「野田岩」という有名な老舗《しにせ》鰻屋さんの大将・金本兼次郎さんとお会いしたことがあります。

ＮＨＫの『プロフェッショナル　仕事の流儀』にも出演された大将が話されていた言葉の中で、強く印象に残っているのが、「指示されたことをやるのは作業。自分の頭で考えて初めて仕事になる」という言葉です。先生から、あるいは上司から言われた通りにやるのではなく、「自分の頭で考える姿勢の大切さ」を改めて教えてもらいました。

修業中の職人が先輩から鰻をさばく前に、「鰻の背びれを５ミリ幅で切り取りなさい」と指示されたとき、どう考えるか。

大将は、そこが職人として大成するかどうかの分かれ道になると言います。

何も考えず、ただ言われた通りに５ミリ幅に切っているのでは、機械と変わらない「作業」になってしまう。５ミリの意味を考えられるかどうか。ひれに付いた小骨を除くために５ミリの幅が必要なのだ、という理由に気がつき、手を動かせるようになると下処理の作業は「仕事」になる、と。

すべての工程の意義を自分なりに考えることが欠かせないという教えです。

これは料理に限らず、すべての仕事に通じる真理ではないでしょうか。大将の言葉に私は深く共感しました。なぜなら、私自身、社会に出て働き始めてから自分なりに考えることの重要性を痛感してきたからです。

何度かの転職を経験したことで、私は誰もが知る有名大学出身者や有名企業からの転職者、アルバイトやパートから請われて社員になった人、起業し成功した人、独立したものの事業がうまくいかずに再就職した人など、本当にさまざまなキャリアの人たちと一緒に仕事をしてきました。

その実体験から言っても、社会に出て働くようになったとき、上司から指示されたことしかしない人、言われた通りのことしかやらない人は、徐々にチームの中で扱いにくい存在となっていきます。

逆に、なぜその仕事がチームにとって必要なのか。指示された言葉の奥にある意味合いを考え、試行錯誤できる人はそれまでの学歴、職歴と関係なく、チームにとって欠かせない人材になっていきます。

これまでの社会人経験を振り返ると、自分の利益のために他人を陥れようとしたり、上司にうまく取り入ろうとしたりする人たちがいました。「失敗は部下のせい、成功は自分の手柄」という態度を取る上司や、相手によって態度をコロコロ変える同僚もいました。こうした人たちに共通するのは、自分の頭で考えて行動するのではなく、その場しのぎの処世術で生きているということです。

ＫＢＣを創業し、たくさんの子どもたちと多くの時間を過ごすうち、自ら考えられる人か、そうでない人かの違いは、子ども時代の遊びの時間にあるのでは？　と感じるようになりました。

想像力の翼を広げて、創意工夫して遊べる環境にいる子たちは、自然と自分で考える力を身につけていきます。

一方で、家庭や学校で「やりなさい」と指示されて動くのが当たり前になっている子は、ＫＢＣに通い始めたばかりの時期にキッズコーチから「自由に過ごしていいよ」と言われると、「何をしたらいいの？」と聞き返してくるのです。

最初はコーチが選択肢をいくつか示してサポートしていきますが、しばらく通っていると本人なりのしっくりくる自由な過ごし方を見出していきます。その後、サマーキャンプなどの本物を体験できるイベントを経ると、一気に主体的になっていくのです。

遊びの中での本物体験は、単なる楽しい思い出づくりではありません。

それは知的好奇心を刺激し、自分で考える力を育んでいく貴重な機会なのです。そこで育まれる主体性は子どもたちの未来を大きく変えてくれます。なぜなら、自分の頭で考え、自分で決断する力が、その人の人生の質を決めていくからです。

外遊びが育む生きる力

「あっ、この匂い、雨が降りそう」

あなたも時々、そう感じることがあるのではないでしょうか？　私の息子たちも、子どもの頃、ポツポツと数滴の雨が降り始める直前、風の冷たさや空気の匂いの変化に気づき、空を見上げていました。

文部科学省の調査によると、野外活動の経験が豊富な子どもほど、非認知能力が高い傾向にあるとされています。特に自己肯定感との関連が強く、これは自然の中での体験が「やればできる」という自信につながり、新しいことに挑戦する意欲を育んでいくからだと考えられています。

たしかに外遊びには、季節によって変わる木々の葉の色、踏みしめる土の感触、聞こえてくる虫たちの声など、子どもたちの五感を刺激する要素に溢れています。

私は都会っ子でしたが、幸いボーイスカウトでさまざまな野外活動を経験してきました。今では笑い話ですが、当時は本当に〝野性的〟なキャンプをしていました。キャンプ場ではない森の中に野営するときは、トイレさえも自分たちで作っていきます。スコップで穴を掘るのですが、大事なのは風向きを考えて設置場所を決めること。もし、テント方向に風が吹く場所にトイレを作ってしまうと……その結果は想像に難くないでしょう（笑）。

もちろん、火を使うかまども手作りです。鶏をさばいて命をいただく大切さを学んだり、オリエンテーリングで地図読みの技術を磨いたり。今のようにワンタッチで組み立てができてしまうテントなどない時代、ロープとペグで丁寧に設営したテントで寝泊まりします。

ときには極寒のサバイバルキャンプも経験しました。明け方は氷点下、当時の性能の悪い寝袋では、厚着して寝ても冷気が伝わり、ガタガタ震えがきます。でも、寒い夜に焚き火を囲んで先輩たちと語り合ったのは、いい思い出です。焼き芋やマシュマロを焼きながら、恋愛のことや将来の夢のことなど、いろんな話を聞かせてもらいました。

深夜になると、「夜襲」という遊びが始まります。これは班ごとの対抗戦で、他の班のテントのペグを、気づかれないようにこっそり抜いていくのです。そして、最後の最後に重要なペグを一気に抜くと、パタンとテントが倒れ、眠っていた仲間はびっくり！　という少々乱暴な遊びでした。やられた班は次のチャンスに仕返しを試みます。もちろん暴力は厳禁。駆け引きと技術の勝負でした。

似たようなイタズラとしては、落とし穴作りが私の得意技でした。スコップで掘った穴の上に枝を渡し、新聞紙を敷いて土をかぶせる。まったくわからないように偽装して、うまく誘導してガクッと……。知恵と工夫の結晶で、KBCのサマーキャンプで子どもたちに作り方を教えたら、大盛り上がりでした。

台風が近づく大雨の中でのキャンプも忘れられません。スコップで必死に排水溝を掘り、雨風をしのぐ工夫を重ねる。今なら絶対にやらないでしょうが、これも貴重な経験になっています。

こうした体験を通じて身についたのは、自然を読む力です。太陽の位置と地図の等高線、山の稜線を見て、自分の位置を把握する。GPSなしでも、地図とコンパスがあれば山を歩ける。ときには道に迷っても、おかしいと気づいて軌道修正できる。この経験は、自分の息子を山に連れて行ったときにも活きました。

こうした外遊びの価値は、机に向かっていては学べない「生きる力」を育むことにあります。転ばないと、ぎりぎりのバランス感覚は身につきません。藪《やぶ》をくぐって少し擦り傷を作っても、それが次への学びになる。つまずきそうな切り株を避ける方法を覚え、滑りやすい斜面での歩き方を工夫する。子どもたちは生き物が大好きで、虫や小動物、鳥との出会いを通じて、自然への理解を深めていきます。

もちろん、大きな怪我につながるリスクは徹底的に管理するべきでしょう。でも、怪我が怖いからといって小さな失敗や挑戦の機会まで奪ってしまっては、子どもたちの成長の芽を摘んでしまうことになります。

大切なのは、保護者の関心と理解です。「家でテレビを見ていれば静かでいい」と思ってしまうと、子どもたちは貴重な体験の機会を失ってしまいます。

だからこそ私たちは、日常的な外遊びを重視しています。都会の中の小さな自然でも、子どもたちの五感を刺激し、想像力を育み、生きる力を養ってくれるのです。

日常の中に取り入れてほしいお勧めの遊び

ＫＢＣに入社した新人のキッズコーチに最初に求めることとは、「子どもたちと一緒に思い切り遊ぶこと」です。なぜなら、子どもたちは一緒に遊んでくれる人が大好きだから。遊びの時間を共有すると、自然と信頼関係が築かれていきます。

これは家庭でも変わりません。仕事が繁忙期のときなど、週末はゆっくり休みたくなる気持ち、本当によくわかります。でも、お子さんは「最近、お父さんもお母さんもあんまり遊んでくれないな……」と感じているかもしれません。

可能な範囲でお子さんと遊ぶ時間を作ってみませんか？　とはいえ、クルマを運転して遠くの公園に出かけたり、公共交通機関を乗り継いでアミューズメント施設に足を運んだり、までしなくても大丈夫。

私たちが学童を運営する中で蓄積したノウハウからお勧めできる非認知能力を伸ばす遊びをいくつか紹介します。ご家庭で、近くの公園で、ぜひ試してみてください。いずれの遊びにも共通しているのは、体を動かすこと、創意工夫次第で楽しさが増すことです。

●昔ながらの伝承遊び……コマ回しや凧揚げなど、今の子どもたちにとっては経験したことのない新鮮な遊びです。

例えば、コマ回し。最初は紐を巻くことすらままならない子どもたちが、練習を重ねるうちにコツをつかみ、見事に回せるようになる。その過程での達成感は、なにものにも代えがたい経験となります。

保護者も「久しぶりだな」と戸惑うかもしれませんが、それがかえっていいきっかけになります。親子で「どうすればうまく回るかな?」「高く揚げるにはどんなコツがいるのかな?」と探り合いながら一緒に挑戦することで、共に成長する喜びが生まれます。

●ベーゴマ……今の小学生にはベイブレードが人気ですが、実はベーゴマも局地的にブームの兆しがあるとか。KBCのある施設では年配の職員がベーゴマの達人として、子どもたちからのリスペクトを集めています。ベーゴマの削り方を教わったり、独自の技を伝授してもらったり。子どもたちは目を輝かせて、その技術に見入っています。

そして今度はそうして教わった技を基に、自分だけの最強ベーゴマを作り上げていくのです。工夫次第でうまく強くなれる遊びは、子どもたちに創造の楽しさを学ばせてくれます。

●シャボン玉遊び……今では電動式で、ボタンを押すだけでたくさんの泡が出る便利な道具もありますが、あえて昔ながらの手作りに挑戦してみるのはどうでしょう。ストローをどう切れば大きなシャボン玉が膨らむか試してみたり、金属製のハンガーの形を変えて大きなシャボン玉作りにチャレンジしてみたり、どんな液体を混ぜれば長持ちする泡ができるか調べたり……。ここにも試行錯誤の余地があり、やっと理想のシャボン玉ができたときの喜びは格別です。

●体を使った遊び……公園でサッカーをしたり、キャッチボールをしたり、ときにはジョギングを一緒にしたり。休日には、家族でバーベキューやキャンプに出かけるのもいいでしょう。自然の中で火を起こし、食事を作り、片付けまでみんなで行う。些細《ささい》な作業の一つひとつが、貴重な学びの機会となります。子どもの興味に合わせて、親子で体を動かす時間を作っていきましょう。

●室内遊び……雨の日はボードゲームやトランプなどのテーブルゲームがお勧めです。最近は将棋に興味を持つ子も増えています。ルールを覚え、戦略を考え、勝ったり負けたりを経験する。そんな中で、思考力や忍耐力が自然と育まれていきます。

もちろん、ゲーム機など現代のおもちゃを否定するつもりはありません。それでも、物に触れ、自分の技術を磨き、工夫を重ねて「できた！」と実感できる遊びには、子どもたちの創造性と探究心を育む効果があります。

第7章　家庭でできる人間力の育み方

放課後を消費するのではなく投資と考え、放課後時間の設計図を作る

ＫＢＣの創業に向けた準備中、保護者の方々にインタビューをしていたときのこと。ある保護者から、こんな言葉を聞きました。

「保育料がもったいない」

働いて得た給料の大部分が保育料で消えてしまうという状況から出た本音だと思います。たしかに、乳幼児の月々の保育料は安くはありません。ただその一方で、その方は幼児向けの英語、音楽、体操と習い事には相当な金額を投じていました。

実は保育料の９割近くは税金で補塡《ほてん》されています。にもかかわらず、保護者の方が「もったいない」と感じる理由はどこにあるのだろう？　そう考えたとき、私は保育園を「子どもを預かる場所」と捉えているからだと気づきました。

週１回の習い事には教育的な価値を感じているから、違和感なくお金を払うことができる。でも、毎日通う保育園には特別な価値を感じていない。このギャップに、私は大きな違和感を覚えたのです。

また、この感覚は学童保育に対しても同じように存在します。

前章までで見てきたように、子どもたちが学校で過ごす時間は年間１２００時間。それに

対して、放課後時間は1600時間にも及びます。この貴重な時間を、ただ漫然と過ごすのか、それとも子どもの成長のために活かすのか。

学童のある放課後を「ただ預かってもらっている時間」として消費的に捉えるか、それとも「子どもの成長のために使える時間」として投資的に捉えるか。保護者の方の意識によって、見えてくる風景は大きく変わってきます。

そこで、私が提案したいのは「放課後時間の設計図」という考え方です。それは習い事でスキマを埋めるような、大人主導の時間割り作りではありません。大切なのは、子どもと一緒に放課後の時間をデザインしていくこと。

例えば、子どもたちが学童でどんな活動をしながら過ごしているかを知り、学童に行かない日の放課後をどう過ごしたいかを聞く。子どもの主体性を尊重しながら、非認知能力を伸ばすきっかけとなるようなイベントも盛り込んでいく。

私の家では手帳やスケジュールカレンダーを見ながら、子どもと一緒に計画を立てていました。「英検を受けるなら、試験日からどう逆算していく?」「週に何日、どのくらいの時間、英語の勉強をする?」「塾にも行ってみたい?」といった具合に。会社でのミーティングのやりとりのようですが、3年生、4年生になると子どもたちは十分に理解してくれます。

ただ、最初は自分で時間を管理するのが難しい場面も出てくるでしょう。そこで、「今日は塾の日でしょう。なんで支度しないの？　もう15時だよ」と、親が細かくフォローしてしまうと、子どもの当事者意識がなかなか育ちません。立てた計画通りにいかないことは多々ありますが、それはそれで一つの学びです。

無理な計画を立てると実行できない。だったら計画を修正して、もう一度チャレンジする。自分でスケジュールを実行する意識があると、時間に対する概念も少しずつ身についていきます。そんな練習の機会としても、放課後時間を捉えてみてはどうでしょうか。

放課後の１６００時間は、使い方次第で大きな可能性を秘めています。

それを単なる「消費」で終わらせるのか、それとも子どもの成長への「投資」として活かすのか。保育園や学童を自分たちが働き続けるための時間をつくる場所と捉えるのかどうか。その保護者の感覚の違いが、子どもたちの過ごす放課後時間に大きな影響を与えるのです。

安全安心という視点

放課後時間の設計図をつくっていくとき、忘れてはいけない大切な視点があります。

それは子どもの安全安心です。交通事故、不審者との遭遇、地域の人たちとのトラブルなど、子どもの放課後時間には一定のリスクがあります。しかし、危ないからといって保護者がずっと見守ることはできませんし、自立に向けて子どもたちが自己決定を繰り返せる時間にしていきたいもの。

その点、学童は子どもたちにとって学校とも家庭とも異なる第三の居場所です。さまざまな体験ができ、友達と交流する場となるだけでなく、保護者以外の大人たちと関わる経験の場となり、非認知能力の形成にも良い影響を与えてくれます。

そんな学童選びで最も大切なのは、子どもの安全安心が守られるということです。できれば、見学時に次のような視点で施設の様子をチェックしてみましょう。

- 災害時の行動や訓練をしているか
- 支援員の不適切な保育（性的虐待や暴力）がないか
- いじめを防ぐ方策、大きな怪我を防ぐための環境設定が行われているか
- 食物アレルギーへの対応、感染症防止の対策などはしっかり行われているか

その他、不安なことはすべて事前に確認してみてください。きれいな内装よりも、子どもの人数に対する職員の配置人数も重要です。実際に体験してみて、子どもとの相性が良さそ

うか、楽しめそうか、成長につながる体験プログラムはどのようなものがあるかなど確認してみるといいでしょう。

とはいえ、お住まいの地域によってはそもそも学童の選択肢がないことも少なくありませんし、専業主婦家庭や待機児童が多い場合、希望する施設が利用できないこともあります。そんなときの代替施設としては、放課後子供教室（地域によっては、「放課後ひろば」といった名称のところも）や児童館などがあります。

習い事で埋めるという選択もありますが、何よりも放課後時間の主体者である子どもの意志を尊重しましょう。イヤイヤのままの詰め込みは親子ともども疲弊しますし、週5を習い事で埋めてしまうと子どもの余白時間がなくなってしまいます。

学童や代替施設の利用、自由に友達と遊べる日を作るなど、柔軟に放課後時間を設計していきたいものです。そのためにはある程度、自立に向けてのトレーニングも必要になっていきます。親としては最初のうちは不安にもなりますが、トライ&エラーの経験は結果として非認知能力の向上につながります。

地域社会という「教室」

私たちKBCでは公立民営の施設の受託運営も行っています。そんな公設学童の一つである港区の学童施設の施設長をしていたキッズコーチから、あるときこんな話を聞き、驚きました。

警察を交えた地域の会議に施設長が出席した際、保護者や学校から警察に上がってくる不審者情報の半数以上が、実は地域に住む方々からの善意の声かけだったというのです。

「おい、気をつけていってこいよー」

「今日は寒いな、大丈夫かー」

登下校する子どもたちへの地域の人からの何気ない声かけが、なぜか不審者情報として報告されてしまっていたのです。

詳しく話を聞いていくと、現代の都市部の暮らしの中にある深刻な問題が見えてきました。この学童がある地域は、昔ながらの商店が残る一方で、元々住んでいた住民が相続のために土地を手放した場所、以前は商用地だった場所に新築のマンションが次々と建っていったのです。

マンションを中心とした新たな住民は町会に入らないため、昔ながらの地域のつながりが希薄になり、新旧の住民の間には交流がないからこその距離が生じていました。しかも、マンション内はマンション内で、隣近所の付き合いはない雰囲気。そんな環境で、子どもたちは保護者や学校から、見知らぬ大人は警戒するように指導を受けていました。

結果、地域のおじさんやおばさんの声かけが、「不審な人から声をかけられた」に変換されてしまっていたのです。

報告してくれたキッズコーチとともに、私たちはこの状況は子どもたちの人間力を育む機会を阻んでいると考えました。なぜなら、地域社会は大切な「教室」だからです。

そこで、「子ども110番の家のウォークラリー」という取り組みを始めました。キッズコーチが名刺を持って学童のある地域の商店や各家庭を訪問し、「○○学童クラブです。よろしくお願いします」と挨拶し、その中で子どもたちが放課後に地域内でスタンプラリーをする企画をやらせてもらえないかとお願いして回ったのです。

放課後時間、子どもたちはグループを作り、チェックポイントとして協力してくれた地域の商店やご家庭を訪ねて歩き、スタンプを押していく。ゲームを通じて、新しくできた学童とそこに通う子どもたちの存在を地域の方々に知ってもらいました。

一方で、子どもたちが商店街のお店の方々にインタビューするというプログラムも行いました。店主さんたちは、子どもたちが自分の仕事について知ろうとしてくれることがうれしくて、一生懸命に話してくれます。

そうやって双方の関係性ができると、子どもたちも商店街を歩くときに「おはよう」「こんにちは」「こんばんは」と挨拶するようになり、地域の人たちも安心して「よう！」「元気か？」と声をかけてくれるようになりました。まるで寅《とら》さんの映画に出てくるような下町風のやりとりが、都心の街にも生まれていったのです。

そして、こうした地域との関わりは、時として思わぬ形で子どもたちを支えてくれます。2011年の東日本大震災のときのこと。東急線・元住吉駅近くにあるKBCに残っていた約20人の子どもたちのために、近くの老人ホームの職員の方々が毛布や食事を届けてくれました。日頃からの交流があったからこそ、非常時にも助け合えたのです。

ここまでは私たちが関わる学童での出来事でしたが、あなたの住まわれている地域では子どもたちと街の人たちの間につながりはあるでしょうか？　お祭りなどのイベントに参加していますか？

子どもたちにとって、普段は関わることのあまりない地域の方々から声をかけてもらったり、褒めてもらったり、励ましてもらったりすることは、「見てくれている人がいるんだ」という安心感とともに、その子の世界を確実に広げてくれます。

地域の清掃活動や防災訓練に親子で参加する。お祭りの準備を手伝う。町内会のイベントに顔を出す。そうした活動を通じて、子どもたちは人間力を磨きます。家庭でも、子どもたちが多様な大人と出会えるきっかけを用意するよう意識していきましょう。放課後時間には、学校でもない、家庭でもない、地域社会という大きな「教室」に参加することができるのです。

勉強や学歴には意味がある？

ある日、私はＫＢＣに通う子どもたちからこんな質問を受けました。

「勉強することは大切ですか？　学歴も大事ですか？」

真剣な表情で聞く子どもたちに、私はまず「みんなは勉強、好き？」と問い返すと、「好きじゃない」という答えが多数派。そこで、私は勉強について自分の考えを伝えることにしたのです。

「勉強をする意味は、いくつかあると思います。一番大切なのは、自分が興味のあること、おもしろいと思うことを勉強すること。図鑑を見ていて『もっと知りたい！』と思う、そんな瞬間が本当の学びのきっかけなんです。

楽しいこと、好きなことなら、周りの大人に言われなくても夢中になれるし、勉強できるよね。実は、その楽しいや好きをきっかけにした学びを突き詰めていくと、誰にも負けない自分だけの強み、個性になっていくんだよ。

『すごいね。なんでそんなこと知っているの？』と友達に尊敬されたりすると、うれしくなるよね？　自信もついてくるよね？」

ここまでは子どもたち、納得して聞いてくれました。

「好きなことで自信がついてくると、おもしろい変化が起きるんだ。それはね、苦手なことにも少しずつ挑戦してみようかな？　と思えるようになる。難しい問題、苦手な物事を克服しようと粘り強く取り組む、『やり抜く力』が身につき始めるんだよ。

これは海外では『ＧＲＩＴ（グリット）』と呼ばれる非認知能力。大人になって社会に出てからとても役立つ、困難に打ち勝つ力なんだ。

実はね、勉強することの意味はこういうテストの点数からだけでは見えにくい力が伸びることにあるんだよ。楽しいこと、好きなこと、興味のあることから取り組んでいこう。それが学校の勉強とは違う分野だったとしても、みんなの中に大事な力を育ててくれるからね」

この勉強する意味に関する後半部分が子どもたちにしっかり伝わったかどうかはわかりません。でも、「好きじゃない勉強ではなくて、好きなことの勉強から始めたらいいんだよ」というメッセージは受け止めてもらえたと思います。

一方、学歴について私は「半分、イエス、半分、ノー」と答えました。

自分の社会人経験を振り返ったとき、一流大学を出ていてもアイデアが出せない人、プライドが高すぎて失敗を認められない人、チームで働くことに不向きな人がいました。一方、素晴らしい学歴以上のクオリティの高い仕事ぶりに感嘆したこともあります。

つまり、高学歴＝仕事ができる人、リーダーに向いた人とは限らないのです。

また、シェフやパティシエなど、職人の世界では、学歴など関係ありません。例えば、中華の鉄人として知られる脇屋友詞シェフは、中学卒業の3日後に有名中華料理店に弟子入り。専門学校にも大学にも行かず、ただひたすら自分の技術を磨き続けて、ヌーベルシノワの旗手、モダン・チャイニーズの鬼才と呼ばれるトップシェフになっています。

かといって学歴に意味がないかといえば、そんなことはありません。

世界に目を向けると、また違った景色が見えてきます。アメリカや中国は、日本よりも学歴社会の傾向が強く、トップクラスの大学に入るための激しい競争があります。発展途上国では、家庭の経済的な事情から学校に行けない子どもたちがたくさんいる一方で、貧困から抜け出すため、少しでもいい学校に進もうとする子どもたちがいます。進学することがより良い生活と直結しているのです。

こうした事情を踏まえた上で、私から今の日本で暮らしている小学生たちに伝えたのは次のようなメッセージでした。

「小学生のうちは、たくさん遊んでほしいと思います。放課後の遊び、生活、体験、どれもとても大切です。特に遊びは子どもにとって仕事のようなもの。夢中で遊んでいるときの集中力は、きっと勉強にも仕事にもつながります。一見、ぼーっとしているように見える時間も、空想が創造性を育んでいるんです。

この先、進学塾や予備校に入ったら、東大やハーバード大学に入ることがゴールのように語られるかもしれません。でも、それは人生のゴールじゃないからね。受験に失敗したら人生が終わったかのように思い込むのは、あまりにもったいないこと。夢や目的があるなら、別のルートからでも必ず道は開けるはずです」

そもそも、受験に必要な知識や技術は、社会で必要とされる力とはかなり異なります。学歴という物差しだけで人を測るのは、あまりに一面的すぎるのです。

社会に出てみると、学歴という物差しでは測れない素晴らしい人にたくさん出会います。自分の価値を測る物差しは、きっと一つではない。そう気づけたとき、もっと自由に、もっと自分らしく生きていけるのではないでしょうか。

子どもたちの「余白の時間」を守る

私たちの学童保育の行事カレンダーには、意図的に何も予定を入れていない日がありま
す。保護者説明会で「この日は何のプログラムもないんですか？」と質問を受けることがありますが、何もないわけではありません。あえての「余白」の時間です。

今、多くの子どもたちの放課後は、習い事などで余白なく予定で埋められています。我が子を思う保護者の方々の願いはよくわかります。自分が子どもの頃やってよかったこと、やりたくても家庭の事情でやらせてもらえなかったこと。いずれにしても、わが子には、より豊かな機会を用意してあげたい。

でも、週5日の放課後時間のすべてを塾や習い事で埋めてしまうと、大切なものが失われていきます。

例えば、友達関係。学校で「放課後に一緒に遊ぼう」と誘われても、習い事があるからと断るしかない。何度か断っているうちに、友達も「しょうがない」と誘うのをやめてしまう。そうして子ども同士のつながりが薄れていく。これは子どもたちの成長にとって、けっして良いことではありません。

子どもたちには、放課後を自分で設計する力が備わっています。でも、親が良かれと思っ

てすべてを決めてしまうと、その力を発揮する機会すら失われてしまうのです。

もちろん、段階はあっていいと思います。小学校に上がったばかりの頃は、親が選択肢を示してあげる必要があります。でも、２年生、３年生と学年が上がっていくにつれて、子どもの意見をより反映させていきましょう。そして最終的には、子ども自身が放課後時間の主体者になっていく。そんな展開が理想的です。

中学受験についても同じことがいえます。私たちの会社の中学受験経験者に聞いてみると、小学生の頃に中学受験した人の多くは「親が決めた」と答えます。でも、高学年になれば自分の意思で「受験してみたい」と思う子も出てきます。上の兄姉の様子を見て「私も頑張ってみよう」と思うこともあれば、同級生が受験すると聞き、興味を持つ場合もあるでしょう。

大切なのは、親が導く意識よりも子どもの気持ちに寄り添う姿勢です。

習い事についても、子どもが本気でやりたいと思うものに絞ってみてはどうでしょうか。たしかに、多くの時間を勉強に割いていけば、学校や塾でのテストの点数が上がったり、志望校への合格期待値が上昇したりといった目に見える結果が出てくることでしょう。でも、本書で繰り返しお伝えしているように、社会に出てから必要になる力は、もっと別のところにあるのです。

友達と遊ぶ中での工夫や発見。ちょっとした失敗や、それを乗り越える経験。一見、何もしていないように見える時間の中で、子どもたちは確実に成長していくのです。高学年になると、自分で目標を立て、計画を作ることもできるようになってきます。受験であれ、スポーツであれ、子どもが「これをやりたい」と思ったことに対して、どう時間を使っていくか。実際、スケジューリングを任せてみたら、遊びに誘われて計画が狂うこともあるでしょう。でも、それも含めて主体的な学びです。社会に出れば必ず求められる時間管理の練習にもなります。

私はすべての習い事を否定するわけではありません。ただ、放課後時間の設計図を描くとき、ぜひ「余白」を残してほしい。子どもたちが自由に過ごせる時間、友達と遊べる時間を大切にしてほしい。その時間はけっして無駄ではなく、むしろかけがえのない成長の機会なのです。

お金をかけなくても、社会を学ぶ機会は作れる

大人が介入して習い事などの予定を入れることで放課後から余白の時間をなくさずとも、子どもの学びの時間は週末、保護者が一緒にいる間にも作ることができます。

机に座って、教材を開いて、さあ勉強しましょう！　という態勢を整えなくても、例え

ば、子どもと一緒に散歩や買い物にいったとき、ちょっとした問いを投げかけるだけで、いつものご近所が学びの場に変わります。

まだ、長男（「はじめに」で登場した学童を脱走した彼です）が小学2年生だった頃、2人で銭湯に出かけたことがあります。鯉が泳ぐ水槽がある、父子のお気に入りの場所でした。お風呂上がりに好きな飲み物を買って外へ出ると、隣接するコインランドリーが目に入ります。

そこで、私から「なんでコインランドリーはお風呂屋さんの隣にあるのかわかる？」と質問。

「脱いだらすぐ洗える！」

「するどい！　もう一つヒントを出すから、考えてみて。コインランドリーに来るお客さんとお風呂屋さんに来るお客さんは同じタイプの人だからなんだけど……どんな人かな？」

「広いお風呂が好き」

「おお、それも正解だ」

「他には……あ！　わかった。お家にお風呂がない」

「またまた正解。プラスして、コインランドリーに行くということは？」

「洗濯機もないんだ。なんで？　お風呂がない家に住むんだろう？」

「それはね、家賃がぜんぜん違うんだよ。初めて一人で暮らすとして、お風呂がある家よりない家の家賃が半分だったらどうする？」

「うーん、安いほうがいい！」

「家賃が安いということはあまり広くない家が多いし、洗濯機を置くスペースもない場合も多いんだ。それにお風呂屋さんに来て、お風呂に入っている間に洗濯が終わっていたら便利でしょう」

「だね！」

このやりとりは元リクルート勤務で、初めての民間企業出身の区立中学校校長になった藤原和博さんが、杉並区立和田中学で行っていた「よのなか科」からヒントを得たもの。当時、和田中学の授業を見学に行き、ふだん親子で近所を散策するときにできることを考え、実践していた事例です。

こんなふうに散歩や買い物の途中に子どもに質問して、本人に考えてもらい、遊びの延長線上でいろんな正解に気づいてもらう。大人側がそんなことを心がけて過ごしていると、日常の中に社会や経済の仕組みを学ぶためのヒントがたくさん転がっています。

体験活動の機会の作り方

子育てをしていると自然と、早期教育や幼児教育といった言葉が耳に入ってきます。特にお子さんの教育に熱心な保護者の方ほど、敏感になりがちです。

では、実際に何歳からどんな習い事、どんな体験を始めると教育的な効果が得られるのでしょうか。この問いに対する答えの一つとなるのが、子どもの脳の発達です。

人間の脳の成長には順番があり、頭部の後方からおでこのほうに向かって発達していくことがわかっています。具体的には、視覚を司る後頭葉→聴覚を司る側頭葉→触感など体の感覚を司る頭頂葉→体の動きを司る前頭葉の運動野→高次機能を司る前頭葉前頭前野の順です。なかでも前頭前野の成長はゆるやかで25～30歳までに完成するという研究結果もあります。

この脳の成長から考えていくと、教育は急ぎ過ぎても早過ぎても効果が低く、子どもの負担になる可能性があるのです。

例えば、五感に関わる部位は比較的早い段階で育っていきます。ですから、将来、音楽家を目指すのであれば、絶対音感を身につけるためにも3～5歳の早期からの音楽教育が効果的。一方、語学は少し後の段階、8～10歳からのほうが脳の発達と合致していると考えられます。

スポーツについては、小学生年代が「ゴールデンエイジ」と呼ばれ、この時期に体を動かすことで運動能力が大きく伸びる傾向があります。実際、プロとして活躍するアスリートの多くが、子どもの頃は違う競技を経験。複数のスポーツを楽しむことで、総合的な運動能力が高まり、その後、一つの競技に打ち込んで成果を上げているのです。

ただし、これはあくまでも脳の成長の研究に照らし合わせての話です。大切なのは、あくまでも一人ひとりのお子さんが「やってみたい」「やりたい」「続けたい」と思っているかどうか。親が決めて押しつけるのではなく、子ども自身が目標を立て、それに向かって頑張る。そうでなければ、なかなか続かないものです。

とはいえ、「どうやって子ども自身の興味を引き出せばいいの？」と悩む保護者の方が多いのが実情です。そこで私からアドバイスできるのは、「初めて体験」の機会を増やすこと。例えば、「ピアノに興味を持ってもらいたい」という思いがあるなら、まずは小さな知育玩具のピアノを与えてみたり、実際のコンサートに連れて行ってみたり。子どもが興味を持ちそうなきっかけづくりは、親の役割です。ただし、そこで興味を持つかどうかは、子ども次第。無理強いは禁物です。

私自身は、長男には申し訳ないことをしましたが、教育業界を知るためにじつにさまざまな習い事の無料体験に連れて行きました。子どもの反応は単純明快。「楽しかった」か、そうでないか。でも、その「楽しかった」の裏側に、どのくらい楽しかったのか、何が楽しかったのかを丁寧に聞いていくと、子どもの本当の気持ちが見えてきます。「もう一回行く？」

と聞いて「うーん……」という反応なら、それほど興味は持てなかったのでしょう。

また、習い事を始めてから半年ほど経って、子どもの様子が変わってきたとき。保護者の方々からよく相談を受けます。「せっかくここまで続けてきたのに……」という気持ち、よくわかります。でも、ここで考えたいのは、その子と習い事との相性です。

スポーツでも音楽でも、子どもなりに自分の才能を自覚していく時期があります。「上には行けないな」という気持ちが芽生えてきたとき、無理に続けさせて劣等感を植えつけるよりも、新しい可能性を提案してあげるほうが良いかもしれません。

うちの次男は、兄の影響でサッカーを始めましたが、体格が大柄でボール扱いが苦手だったためなかなか難しい。そこで柔道をやってみない？　と提案しました。最初は嫌がっていましたが、体験に行ってみたら意外とおもしろかったようで、その後は真冬の寒稽古にも一日も休まず通い、体は確実に強くなっていきました。クラスでは、優しい力持ちというポジションを得て、それはそれで本人の自信になっていったようです。

体験活動の機会は、保護者から働きかけて作ることができます。長期休みや土日を利用して、親子で出かけてみる。特におすすめなのは、社会や経済の仕組みに触れる体験、自然体験、ボランティア活動など。「この体験で子どもに何を感じてほしいか」を意識してみると良いでしょう。

子どもは成長するにつれて、自分で行きたい場所を見つけ、選んでいけるようになります。そこに至るまでの道筋を、焦らず、楽しみながら作っていきましょう。

完璧な親はいない

塾や習い事で勉強する機会を確保するのもいいですが、本人が興味・関心を持ったタイミングこそ、学びのチャンスです。そこで、一人ひとりに合った機会を提供していくことができれば理想的だと思います。

私の長男は小学校5年生の頃、「クイズを解いているみたいで算数がおもしろい」と言い出したので、「ここだ！」と週に1回2時間、知り合いの東大生に家庭教師に来てもらいました。

東大生には、「この子、算数が好きみたいだから、小学生でもチャレンジできる数学オリンピックの問題を1問だけ選んで、一緒に考えながら取り組んであげてください。受験用の数学はやらなくていいです」と頼みました。長男は毎週、東大生の先生と話し合いながら、算数の知識を使って、挑戦。難しいクイズを解くように挑んでいましたが、親としてうれしかったのはトコトン考えている様子が見て取れたこと。

解けて喜び、解けなくて悔しがり、どちらにしても彼はこの経験から自分で考える力を伸ばしていきました。でも結局、彼は文系に進み、なかなか親の思い描くようにはいかないな……となりましたが、実はそれが子育てだとも思います。

カナダ生まれの「ノーバディーズ・パーフェクト」という子育てにまつわる書籍とプログラムがありますが、その理念は「人は親として生まれてくるのではありません。私たちは周りの人に助けてもらいながら親になっていくのです。完璧な親も子どももいないのです」というもの。

私も一人の保護者として、またKBCの創業者として、まさにその通りだなと感じています。完璧な子育てはありません。つまずきはあって当たり前で、正解もありません。親の思い描いた通りにもいきません。プロの保育者たちも日々、現場で試行錯誤を繰り返しています。

むしろ、思い描く通りにいかないことが正しいと思ったほうがいい。なぜなら、DNAとして共通したものを持っていても、子どもは別人格だからです。親の思った通りにいかないのが正しい姿であって、子どもが生きたいように生きてくれて、本人が思い描く人生を歩んでくれたら、最高です。

ですから、親に反発したり、言うことを聞かなかったり、勝手に描いた理想と違った育ち方をしてしまったりしても、大丈夫。それが自然なことなんだ、と保護者が理解していく必要があると考えています。

私自身も父親としての自分にも、子育てにも満足はしていません。ああ、小学生のうちにもっと何かできたかもしれない……とも思います。でも、大人に近づいていっている長男、次男を見ていると、子どもたちが自分の生きたいように歩んでいるならいいな、と。見守っていくのがこちらの役目なんだろうな、と。いい伴走者でいられたらいいなと思っています。

スマートフォンやゲームをやらせてもよいか?

「外で遊ぶのは嫌だ。ゲームをしているのが一番いい」

子どもたちがこう主張したとき、私たち保護者はどう向き合えばいいのでしょうか。

そもそも私たち大人自身、一日のうちの多くの時間をスマホに費やしています。調査によってばらつきはありますが、平均すると一日3時間から4時間、スマホに向き合っているようです。

まずは自戒も込めて、この時間の使い方について立ち止まって考えてみる必要があるかもしれません。もちろん、必要不可欠な用途もあるでしょう。でも、何かを調べるはずが気づくとまったく違うニュースを読んでいたなんてこともよくあります。

なんとなくスマホに吸い寄せられ、動画を見て、ゲームをして、時間を消費してしまう。時間を自分で配分できるはずの大人もそうなのですから、子どもたちがスマホやゲーム機器に多くの時間を割いてしまうのは仕方のないことなのかもしれません。しかし、なんとなくのスマホ時間、ゲーム時間を本当にやりたいことに使えば、人生がより豊かになるのではないでしょうか。

また、スマホやゲームの問題で最も注意すべきは、その依存性です。私の次男もゲーム好きで、小中学生の頃は親がゲーム機を隠しても探し出しては遊ぶような状態でした。

そんな息子に、私はこう話しました。

「たばこ、お酒、ギャンブル。これらはみんな中毒性があって、やめられなくなってしまう。ゲームも同じように、おもしろくてやめにくいでしょう？　それは中毒性があるということ。だからリスクがあるんだよ」

とはいえ、単純な禁止は解決策になりません。お子さんが小さいうちは使わせないという選択も役立ちますが、永久に禁止し続けることはできないですし、保護者が頑なにスマホやゲームに触れる機会を奪ってしまうのは子どもの成長を考えると逆効果になりかねません。

なぜなら、子どもたちが自分でリスクを理解し、魅力的だけれど危険なものをどうコントロールしていくかという判断力を育む機会を失ってしまうからです。

そこで私はゲーム機を隠すような対処はやめて、次男に別の選択肢を示しました。

「とことんゲームをやるというのも一つの手だけど、そうするなら考えてほしい。ゲームは誰かが作ったもの。君は誰かが作った世界の中で、手のひらで転がされているだけかもしれない。それなら、自分がゲームクリエイターになって、自分の作ったゲームで人を楽しませる側になってみない？」

結果的に息子は、eスポーツでランキングに入るほどの腕前を身につけました。完全な禁止ではなく、目標を持って取り組むことで、自分なりの道を見つけたのです。

スマホやゲームの使い方についてお子さんと一緒に考えるときは、次の三つのポイントを押さえながら親子で納得できるルールを定めていきましょう。

①時間の管理
自分で一日の使用時間を決めて、コントロールできるよう計画を立てる
②リスクの理解
スマホにもゲームにも依存性があることを学び、その危険性を子ども自身が自覚できるよう、対話を重ねる
③創造的な関わり方

単に時間を消費するのではなく、スマホやゲームの用途を掘り下げて考える。本人の興味、関心を伸ばすような関わり方を見出せれば、より建設的な使い方が見えてくるでしょう。

大切なのは、子どもと一緒に考え、段階的に適切な付き合い方を見つけていくこと。一方的な禁止でも、無制限な許可でもない、バランスの取れたアプローチを目指していきましょう。

親が「手放す」

「親が手をかけすぎないほうが、子どもは育つ」

これは私がこの本を通して一貫して伝えたかったメッセージの一つです。

というのも、私たちは子どもの成長を願うあまり、つい手を出しすぎてしまいます。身近なシチュエーションでいえば、朝の登園、登校前の時間に追われているとき、放課後の習い事に向かう準備をしているとき、「早くしなさい」と声をかけ、本来は本人ができるはずなのに待ちきれず、親が手伝ってしまう。保護者なら、そんな経験を誰もがしているはずです。

しかし、子どもたちにとって最も大切なのは、自分でやってみる機会を持つこと。たとえ時間がかかっても、失敗することがあっても、その経験を通じて子どもたちは人間的に成長していくのです。

私たちの現場で、入会したばかりの子どもたちの様子を見ていると、保護者の関わり方の特徴がよく表れます。

ランドセルから教材を出すとき、上履きに履き替えるとき、おやつの時間に箸を使うとき、できることとできないことの境界線が、それぞれの子で異なるのです。同じ学年、同じ年齢でも、すでに自分でできることが多い子もいれば、ほとんどのことを大人に頼っている子もいます。

この違いの多くは、家庭での関わり方に起因しています。

例えば、ある1年生の女の子は当初、上履きから靴への履き替えに10分以上かかっていました。紐をほどき、足を入れ、紐を結ぶ。それぞれの動作に時間がかかり、特に紐結びは何度も失敗を繰り返します。

家庭では、忙しい朝の準備時間を考えると、親が手伝ってあげたくなる場面でしょう。実際、この子の場合も、お母さんが毎朝手を貸していたそうです。でも、KBCではあえて見守ることにしました。

「自分でできるはず」という信頼感を持って。すると、1ヵ月もしないうちに、彼女は自分で素早く履き替えられるようになったのです。

これはささやかな「手放す」の一例ですが、手放すことは「見放す」ではありません。大切なのは、子どもの様子を見守りながら、適切なタイミングで適切な支援をすること。つまり、「見守る」と「支援する」のバランスを取ることなのです。

私たちは、新しい子が入会したとき、まず「何ができて、何ができないか」を丁寧に観察します。そして、できることは自分でやってもらい、難しいことは段階的にサポートしていくのです。

例えば、宿題に取り組むとき。すぐに答えを教えるのではなく、「ここまでは自分でできたね」と、できているところを認める。そして「次は何をすればいいと思う？」と、考えるきっかけを与える。こうした関わり方を続けていくと、子どもたちは徐々に自分でできることを増やしていきます。そして、できた喜びを味わうことで、さらなる意欲が生まれてくるのです。

とはいえ、保護者が我が子への関わりを「手放す」のは簡単なことではありません。特に一人っ子の場合、保護者の不安や心配が強くなりがちです。

でも、考えてみましょう。

私たち大人は、いつまでも子どもの傍《そば》にいることはできません。いずれ自立していく子どもたちに必要なのは、自分で考え、決断し、行動する経験。それによって身につく人間力はトライ&エラー、エラー&ラーンの回数が増えるごとに磨かれていきます。

「この子はこの子のままでいい」

この言葉を胸に刻み、子どもの成長を信じることができれば、「手放す」ことへの不安も少しずつ和《やわ》らいでいくはずです。もちろん「手放す」といっても、年齢や発達段階によって適切な距離感は変わってきます。

・低学年（1〜2年生）のうちは、基本的な生活習慣を身につける時期。この時期は、時間がかかっても自分でやれるように促しましょう。身支度、持ち物の準備、簡単な家事の手伝いなど、できることを少しずつ増やしていけるといいですね。

・中学年（3〜4年生）になると、友達関係が広がり、自分の意思も強くなってきます。この時期は、放課後の過ごし方や習い事の選択など、子ども自身の意見を尊重する機会を増やしていきましょう。

・高学年（5〜6年生）は、思春期の入り口。親から距離を置きたがる時期でもあります。この時期こそ、子どもの意思を尊重し、見守る姿勢が大切です。

子どもたちは、意外なほど親の目を気にしています。親がいると、ついかっこつけてしまったり、いつも以上に頑張ってしまったりする。逆に、親がいないときだからこそ見せる素の姿があります。

ある保護者の方から聞いた印象的なエピソードを紹介したいと思います。

その方の息子さんは、習い事のピアノを辞めたいと言い出しました。毎日のようにレッスンに付き添い、練習を嫌がるときは励まし、発表会の準備に奔走してきたお母さんとしては、複雑な思いだったそうです。

でも、よくよく息子の話を聞いてみると、「ピアノは好きだけど、もっと自分のペースで弾きたい」という思いがあったとか。結果的に、教室は辞めても自宅で自主的に練習を続け、今では自分の好きな曲を楽しそうに弾いているそうです。

このように、ときには「手放す」ことで、子どもたちの新しい一面が見えてくることがあります。子育ての姿勢として最も大切なのは、子どもを一人の人格として尊重すること。親の思い通りにはならないということを前提に据えれば、過度な期待も減り、落ち着いて関われるようになれます。

子どもを信じ、見守る勇気を持つこと。その先に、子どもたちの確かな成長があるのです。

エピローグ

子どもたちの人間力が光る「まちづくり」

その日の子どもたちは本当にキラキラしています。

広い会場にぎっしりと模擬店が建ち並び、保護者を中心に4000人以上の来場者が集まる、年に一度のお祭り、「ＫＢＣタウン」です。


「いらっしゃいませー！」

「こちらがオススメです！」

「少々お待ちください！」

「ありがとうございました！」

ざわめきの中から、子どもたちの接客する声が聞こえてきます。

本書では、ここまで「人間力」をキーワードに、それを育む「放課後」という時間の可能性について、さまざまな角度から考えてきました。

「三間（時間・空間・仲間）の喪失」「学校での1200時間に対して、1600時間ある放課後という貴重な時間」「社会につながる人間力」「非認知能力を育む具体的な取り組み」など、これらすべての要素が凝縮され、披露される場が「ＫＢＣタウン」。

子どもたちの成長と可能性を感じるイベントです。

ＫＢＣタウン当日、子どもたちは「手放す」ことの大切さを証明するかのような成長を見せてくれます。親の手を離れ、自分たちの力で接客し、商品を販売し、街を運営していく。知らない大人に対しても堂々と接客をし、商品が完売に近づくと「あと何個！」と声を掛け合い、チーム一丸となって最後の一品を売り切ったときには、歓声を上げて喜び合います。

その姿からは放課後時間のさまざまなプログラムで育んできた力が花開いているのを見て取れ、大人たちの心も熱くしてくれます。キッズＭＢＡで学んだ経済の仕組み、「コミュニケーション講座」で培った表現力、日々の放課後時間で磨いてきた協調性や創造性。すべての経験が、この一日の成功につながっているのです。

そして本書の中で強調した「遊びの中での学び」の効果も、ＫＢＣタウンでは随所に見ら

4F むさしこすぎ とうきゅう スクエア
ノート クレヨン セット
300 KB
KBC むさしこすぎとうきゅうスクエア
キラキラペン
200KB
4F むさしこすぎ とうきゅうスクエア 4F
ノート クレヨン
どっちもほしいニャー

KBCタウン

れます。子どもたちは、まるでごっこ遊びのように楽しみながら、じつに高度な社会体験を積んでいるのです。

保護者からは「こんな言葉遣いで接客できるとは思わなかった」「うちの子がそんなことできるなんて」という驚きの声が上がります。普段の学童では見られない子どもたちの姿、コーチや友達との関わり、そして成長した姿を目の当たりにできる場となっています。

子どもたちの経験という点を未来につなげていく

かつてスティーブ・ジョブズは「現在から未来へ向けて点をつなぐことはできない。現在から過去を振り返ったとき、点がつながっていることにやっと気づく」という言葉を残しました。

この言葉は大人にこそ、深く響くのではないでしょうか。

私はここまで自分の子ども時代のエピソード、子育て中のエピソードをいくつも語ってきました。それは、子どもの頃の体験や出会いが、思いもよらない形で人生に影響を与えることを実感しているからです。

例えば、ボーイスカウトでの体験。小学2年生の私は、ただ制服がかっこいいと思って入隊しました。しかし現在、キッズベースキャンプを運営する立場になって気づきます。異年齢の仲間との活動、大人たちとの関わり、自然の中での体験学習……。私が大切にしている教育の要素の多くが、実はあの頃の経験とつながっているのです。

社会人になってからの経験も同じです。さまざまな業界、職種を経験する中で得た気づきが、今のキッズベースキャンプのアイデアや運営に活かされています。

当時は、まさか自分が学童保育の事業を始めることになるとは、想像もしていませんでした。でも不思議なもので、過去のどんな経験も、何かしらの形で現在につながっているのです。

大切なのは、「今やっていることが、自分の未来にきっとつながるはずだ」と信じて行動すること。たとえ時に失敗して、遠回りすることがあっても構いません。その経験もまた、いつか思いがけない場面で活きてくるはずです。

人生の点と点は、けっして直線ではつながりません。むしろ、寄り道や回り道があるからこそ、より豊かな線が描けるのかもしれません。

子どもの頃の体験は、その瞬間、単なる「点」かもしれません。でも、それらの点は必ず未来へとつながっていくのです。

子どもたちには無限の可能性があります。ただし、その可能性は必ずしも親が望む方向にあるとは限りません。ときには思いもよらない才能を開花させることもあるでしょう。本書の中でたびたびお伝えしてきた「余白の時間」の大切さは、まさにそうした予期せぬ成長の機会を提供してくれるからです。

大人たちにできるのは、子どもたち一人ひとりの個性を認め、その成長を支えていくこと。放課後という貴重な時間を、子どもたちの未来につながる豊かな体験で満たしていくこと。そして何より、子どもたちが自分の力で未来を切り開いていく力を育んでいくこと。

ぜひ、お子さんが興味を持ったもの、好きなことをとことんやらせてあげてください。子どもは飽きっぽいから、途中で投げ出しちゃうこともあると思います。そうやって別のことに興味が向かっても、それはそれで良しとして、そっと見守っていきましょう。

その繰り返しの中で、「親に反対されてもやりたい」というものがみつかれば、応援し、背中を押してあげればいい。お金が必要なこともあるでしょう。壁にぶつかり、一緒に打開する方法を探してあげる場面もくるでしょう。最後は本人の努力しだいです。困難があっても諦めずにやり抜く力の源は、自分を信じる力、自己肯定感にあります。

子どもの頃から小さなことでもなんでもいいので、自分に自信が持てる成功体験を貯金のように積み重ねていくこと、周り（親が最も重要ですが、親以外の大人や友達）から認めてもらう経験が自己肯定感を高めてくれるのです。

おわりに

「子育てが楽しい、子どもを産み育てたいと思える社会の実現に貢献する」をミッションにキッズベースキャンプを創業し、私にとって初めての著作であるこの本を出すまで、18年以上の年月が経ちました。

その間も子どもを産む適齢期の女性の人口が減り続けていることもあり、出生率が一時的に少し改善しても日本の子どもの出生数は減り続けています。少子化で一番負担を強いられるのは私たち親ではなく、子どもたちです。

国会やメディアの議論も今を生きる私たちの生活が中心で、未来を生きる子どもたちのためにという想像ができていないのは、地球温暖化の議論と似ているように思うのです。

放課後の現場は、まだいろいろと課題はありますが、行政も、私たち民間も、働く職員たちも努力しているので、創業時よりも利用者の選択肢が増え、利便性も少し向上してきているように思います。

私は半年に一度、全ての施設を巡回しているのですが、子どもたちとの交流と共に、現場の職員の成長を見るのを一番楽しみにしています。土台の部分は子どもの頃にできあがっていますが、社会人になってからも肉付けできる部分があり、仕事や子どもとの関わりを通して、保育者としても人間としても成長していく姿を見て、うれしく思うのです。

ＫＢＣタウンの日は大きな意味で温かい同窓会のような雰囲気もあります。子どもたちと保護者だけでなく、キッズベースキャンプを卒業した中高生、ベビーカーを押してくる育休中の社員、社員のご家族も遊びにきてくれます。そして卒業生の中でも大学生は非常勤（アルバイト）として後輩の子どもたちを支えてくれます。

これからも少子化の流れに抗《あらが》い、素晴らしい仲間と共に温かい好循環を作り続け、子どもたちが自分が生きたい人生を切り開いていく土台となる教育を続けていきたいと思います。

本書の企画・構成・編集にあたっては、講談社編集の田中浩史さん、フリーライターの佐口賢作さん、アップルシード・エージェンシーの栂井《とがい》理恵さん、加藤果歩さんに大変お世話になりました。長い間ご支援ありがとうございました。

また東急キッズベースキャンプ社内から全面協力してくれた、広報のぞみん、ちえぴ、べつぷちゃん、きよちゃん、人材開発かくちゃん、保育のエピソードで協力してくれた、てらっち、しまP、なっつん、さいちー、みっきー、ふみふみに深く感謝します。

出版のための出会いを作ってくれた新規事業家の守屋実さんにも感謝申し上げます。

そしてこの本の中の多くの事例のように、創業以来キッズベースキャンプが関わってきた、全ての子どもたち、保護者、本部・現場のスタッフのおかげでこの本ができたと考えています。また日頃からご支援いただいている親会社の東急関係者、自治体関係者、地域社会の皆様にもお礼申し上げます。

これまでキッズベースキャンプで現場スタッフと共に追求してきた放課後の非認知能力の教育が、子育て中の保護者と子どもたちの未来のために、また質の高い放課後の教育を志す人のお役に立てば幸いです。

2025年4月

島根太郎

島根太郎

株式会社東急キッズベースキャンプ代表取締役社長。一般社団法人キッズコーチ協会代表理事。1965年東京都目黒区生まれ。中央大学卒業。輸入雑貨事業や自然食事業等を経て、2003年株式会社エムアウトに入社。心理学に関わる事業開発を経験し、「小1の壁」の問題解決と非認知能力の教育を志し、2006年キッズベースキャンプを創業。民間学童保育のパイオニアとして業界を牽引。2008年12月には東急グループ入りし、東急グループの子育て支援事業の中核企業としての展開を開始。一般社団法人民間学童保育協会、東京都学童保育協会で理事を務める。保育士資格保有。

講談社+α《プラスアルファ》新書　887-1 D

子《こ》どもの人生《じんせい》が変《か》わる
放《ほう》課《か》後《ご》時《じ》間《かん》の使《つか》い方《かた》

島《しま》根《ね》太《た》郎《ろう》

2025年5月7日第1刷発行

発行者―――― 篠木和久
発行所―――― 株式会社 講談社
東京都文京区音羽2-12-21 〒112-8001
電話 編集(03)5395-3522
販売(03)5395-5817
業務(03)5395-3615
デザイン―――― 鈴木成一デザイン室
構成協力―――― 佐口賢作
著者エージェント― アップルシード・エージェンシー
カバー印刷―――― 共同印刷株式会社
印刷―――― 株式会社新藤慶昌堂
製本―――― 株式会社国宝社

KODANSHA

定価はカバーに表示してあります。

落丁本・乱丁本は購入書店名を明記のうえ、小社業務あてにお送りください。

送料は小社負担にてお取り替えします。

なお、この本の内容についてのお問い合わせは第一事業本部企画部「＋α新書」あてにお願いいたします。

Printed in Japan
ISBN978-4-06-539777-0

講談社＋α新書

書名	著者	内容	価格・番号
世界の賢人12人が見た ウクライナの未来 プーチンの運命	クーリエ・ジャポン 編	ハラリ、ピケティ、ソロスなど賢人12人が、戦争の行方とその後の世界を多角的に分析する	990円 852-1 C
「正しい戦争」は本当にあるのか	藤原帰一	核兵器の使用までちらつかせる独裁者に世界はどう対処するのか。当代随一の知性が読み解く	990円 853-1 C
絶対悲観主義	楠木建	巷に溢れる、成功の呪縛から自由になる。フツーの人のための、厳しいようで緩い仕事の哲学	990円 854-1 C
人間ってなんだ	鴻上尚史	「人とつきあうのが仕事」の演出家が、現場で格闘しながらずっと考えてきた「人間」のあれこれ	968円 855-1 C
人生ってなんだ	鴻上尚史	たくさんの人生を見て、修羅場を知る演出家が考えた。人生は、割り切れないからおもしろい	968円 855-2 C
世間ってなんだ	鴻上尚史	中途半端に壊れ続ける世間の中で、私たちはどう生きるのか？ ヒントが見つかる39の物語	990円 855-3 C
奇跡の小売り王国 「北海道企業」はなぜ強いのか	浜中淳	ニトリ、ツルハ、DCMホーマックなど、北海道企業が各業界のトップに躍進した理由を明かす	1320円 856-1 C
その働き方、あと何年できますか？	木暮太一	ゴールを失った時代に、お金、スキル、自己実現を手にするための働き方の新ルールを提案	968円 857-1 C
脂肪を落としたければ、食べる時間を変えなさい	柴田重信	肥満もメタボも寄せつけない！ 時間栄養学が教える3つの実践法が健康も生き方も変える	968円 858-1 B
2002年、「奇跡の名車」フェアレディZはこうして復活した	湯川伸次郎	かつて日産の「V字回復」を牽引した男がフェアレディZの劇的な復活劇をはじめて語る！	990円 859-1 C
世界で最初に飢えるのは日本 食の安全保障をどう守るか	鈴木宣弘	人口の六割が餓死し、三食イモの時代が迫る。農政、生産者、消費者それぞれにできること	990円 860-1 C

表示価格はすべて税込価格（税10%）です。価格は変更することがあります